KB264648

也乎! 千字文

야호! 천자문

詩經
羊羊

平和
章

禪讓
國家

千字文
也乎!
야호! · 천자문 · 진동일 글 · 그림

器量이…

傷
敢當하기가
豈

平
也

忘却
得
莫

墨
染色하니까
悲庸…

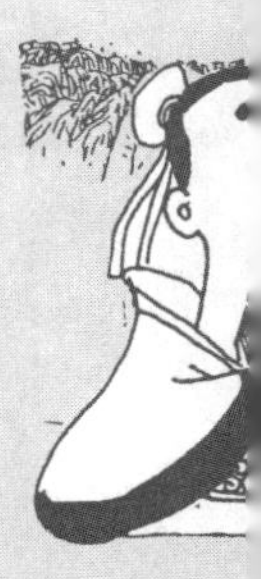

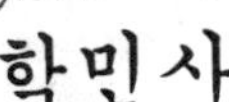

학민사

『천자문』은 중국 양나라 사람 주홍사(周興嗣)가 지은 책이다.

주홍사는 실용으로 쓰이는 한자 1만여 개 중에서 천지만물과 인간의 삶을 표현하는데 꼭 필요한 한자 1천 개를 골라 4개씩 묶어 사언고시(四言古詩) 250구를 만들었는데, 이는 '천지현황(天地玄黃)'으로 시작하여 '언재호야(焉哉乎也)'로 끝난다.

『천자문』의 250구 중에는 특별한 뜻이 없는 것도 있지만, 대개는 자연현상으로부터 인륜도덕에 이르는 수많은 지식용어를 수록하여 배우는 이들로 하여금 한자 학습과 함께 자연스럽게 교양을 일깨우도록 했다.

전하는 이야기에 의하면, 주홍사는 하룻밤 사이에 천개의 한자를 고르고, 또 이를 사언체로 지었다고 하는데, 이로 인해 머리가 희어졌기 때문에 여기에서 유래하여 『천자문』을 '백수문(白首文)'이라고도 부른다.

『천자문』이 언제 우리나라에 들어왔는지 자세한 것은 알 수 없다. 『일본서기』에 285년 백제의 왕인이 『천자문』과 『논어』를 전하였다는 기록이 있는데, 이 연대를 그대로 믿을 수 없다고 해도 『천자문』은 위에서 말한 책과는 다른 것이 아니었던가 추측된다.

우리나라에서도 예로부터 『천자문』이 한자를 배우는 입문서로 널리 사용되어 왔다. 그리하여 이 책에 '天 하늘 천'과 같이 새김과 음을 달아 읽게 되었는데, 이 음을 단 책이 최소한 조선 중종조 이래 간행된 것이 확인되고 있다.

  이 책『야호! 천자문』은 주흥사의 천자문 구성에 맞춰 250개의 사언고시를 오늘의 감각에 맞게 풀어 해설하였으며, 사언고시 하나하나에 재미있는 삽화를 넣어 그 의미 파악을 용이하게 하였고, 각 글자에 맞춰 일반적으로 사용되는 용례도 달아 주었다.

  또한 붓글씨 시대에 강조되었던 필순 위주의 익힘법을 지양하고, 한자가 상형에 그 기본을 두고 있는 만큼 부수나 기타 결합형태에 따라 글자를 쪼개어 보임으로써 의미나 형상의 시각적 결합을 인식하게 하여 쉽게 한자를 익히게 하였다. 곧 그것은 대수에서 복잡하게 보이는 고차 방정식을 인수분해하여 간결화시킨 것과 마찬가지라 할 수 있다.

  이 책의 이러한 한자 익힘법은 필순과 부수 공부 위주로 한자를 배우게 했던 기존의 책들과 크게 구별되는 것이다.

  아무쪼록 한자교육 문제가 새롭게 제기되는 이 때, 이 책이 한자를 배우고, 한자 문화의 폭을 넓히는데 많은 도움이 되기를 바란다.

2001년 7월

진 동 일

天 地 玄 黃

하늘은 현묘하고 땅은 황색이며

天	一 + 大 = 天	천국(天國)	천명(天命)
地	土 + 也 = 地	지주(地主)	지하(地下)
玄	亠 + 幺 = 玄	현묘(玄妙)=심오하고 미묘함	
黃	卄 + 貴 = 黃	황색(黃色)	황혼(黃昏)

보충 ▶ 玄 = ① 검은색에 붉은색이 있는 것. ② 불가사의함. ③ 천지만물의 근원. 이치의 미묘함. / 黃은 「黄」과 같은 자.

집 우	집 주	넓을 홍	거칠 황
宇	宙	洪	荒

우주는 넓고도 거칠구나

宇	宀 ＋ 于 ＝ 宇	「宀」는 넓게 가리는 지붕. 따라서 세상을 뒤덮는 공간은 「宇」, 무한히 펼쳐지는 시간은 「宙」. 「由」의 변음이 음을 이룸.	
宙	宀 ＋ 由 ＝ 宙		
洪	氵 ＋ 共 ＝ 洪	홍수(洪水)	홍업(洪業)
荒	艹 ＋ 亡 ＝ 荒	황야(荒野)	황토(荒土)

보충 洪荒 = 넓고 넓은 미개척지. 우주를 가리킴.
洪業 = 큰 사업, 또는 건국의 대업.

日 月 盈 昃

해는 서쪽으로 기울고 달은 만월이 되며

日	해의 모양을 본뜸	일과(日課)	일출(日出)
月	초승달 모양을 본뜸	월광(月光)	만월(滿月)
盈	夃 + 皿 = 盈	영월(盈月)=보름달(만월)	
昃	日 + 仄 = 昃	일측(日昃)=해가 서쪽으로 기움	

보충 ▶ 日·月 = 해와 달을 뜻함. / 盈 = 달의 충만함. / 昃 = 해가 서쪽으로 기울어진다는 뜻.

별 **진**	잘 **숙**	벌릴 **렬**	베풀 **장**
辰	宿	列	張

별들이 별자리에 널려 있다

辰	厂 + 戻 = 辰	진숙(辰宿) = 별자리의 별들
宿	宀 + 佰 = 宿	숙명(宿命) | 숙소(宿所)
列	歹 + 刂 = 列	~열전(列傳) | 열차(列車)
張	弓 + 長 = 張	장본인(張本人) | 장황(張皇)

▶보충▶ **列張** = 별이 각자 위치에 널려 있다는 뜻. / **宿** = 집(宀)에서 여럿이 끼어 잔다(佰) 는 뜻. 佰이 음을 이룸. / **張皇** = 쓸데없이 번거롭고 길음.

寒來暑往

추위가 오면 더위는 가고

寒	宀 + 㥠 = 寒	한기(寒氣)	한파(寒波)
來	木 + 人人 = 來	내왕(來往)	내방(來訪)
暑	日 + 者 = 暑	서월(暑月)=더운 계절. 그 달	
往	彳 + 主 = 往	왕래(往來)	왕복(往復)

보충 ▶ 暑 = 타오르는 장작(者)불처럼 뜨거운 햇볕(日)이 쬔다는 뜻.

가을 추	거둘 수	겨울 동	감출 장
秋	收	冬	藏

가을에 추수하면 겨울에 그것을 저장한다

秋	禾 ＋ 火 ＝ 秋	추계(秋季)	추석(秋夕)
收	丩 ＋ 攵 ＝ 收	수금(收金)	수확(收穫)
冬	夂 ＋ 丶 ＝ 冬	동계(冬季)	동지(冬至)
藏	艹 ＋ 臧 ＝ 藏	소장(所藏)	저장(貯藏)

보충 ▶ 冬藏 ＝ 동물의 동면(冬眠)과 관계가 깊다.

閏 餘 成 歲

윤달은 해를 정하고

閏	門 + 王 = 閏	「閏」은 여분의 달이며 5년마다 닥친다. 「餘」는 넉넉함이니 음력으로는 1년에 10일이 남아돈다. (보충 으로)	
餘	食 + 余 = 餘		
成	戊 + 丁 = 成	성사(成事)	성공(成功)
歲	止 + 戌 = 歲	세배(歲拜)	세월(歲月)

보충 ▶ 곧 3년이면 한 달이 남는 셈이므로 요(堯)임금께서 윤달을 두어 해를 조절했다. 그래서 閏餘는 윤달인 것이다. / 成歲 = 해를 정한다는 뜻.

| 법 | **律** 률 | 풍류 **呂** 려 | 고를 **調** 조 | 볕 **陽** 양 |

律呂調陽

음률로서 음과 양을 조절했다

律	彳 ＋ 聿 ＝ 律	음(音)을 음양(陰陽)으로 나누어 양에 딸린 6음계를 6률(六律), 음의 6음계를 6려(六呂)라 함.
呂	口 ＋ 凸 ＝ 呂	
調	言 ＋ 周 ＝ 調	조절(調節) · 조화(調和)
陽	阝 ＋ 昜 ＝ 陽	양기(陽氣) · 양지(陽地)

보충 ▶ 律呂 = 음률(音律)을 고르게 한다는 뜻.
調陽 = 음과 양을 조절한다는 뜻.

雲騰致雨

구름이 오르니 비가 되고

雲	雨 + 云 = 雲	운무(雲霧)	운집(雲集)
騰	月 + 鵞 = 騰	등락(騰落)	폭등(暴騰)
致	至 + 攵 = 致	치성(致誠)	치하(致賀)
雨	一 + 冊 = 雨	우기(雨期)	우천(雨天)

보충 ▶ 雲霧 = 구름과 안개. / 雲集 = 사람들이 구름처럼 몰려 듦.
雨 = 하늘(一)을 덮은 구름(冂) 사이로 물방울이 떨어짐을 본뜸.

| 이슬 | 로 | 맺을 | 결 | 할 | 위 | 서리 | 상 |

露 結 爲 霜

이슬이 엉기어 서리가 된다

露	雨 ＋ 路 ＝ 露	노숙(露宿)	노출(露出)
結	糸 ＋ 吉 ＝ 結	결합(結合)	결혼(結婚)
爲	爪 ＋ 烏 ＝ 爲	~가 된다	행위(行爲)
霜	雨 ＋ 相 ＝ 霜	상강(霜降) ＝ 서리가 옴

보충 ▶ 爲 ＝ 일정한 형태가 이루어지다. 파동을 나타냄.

金生麗水

사금은 여수(麗水) 모래 속에서 나고

金	人 + 龱 = 金	금화(金貨)	사금(砂金)
生	丿 + 土 = 生	생물(生物)	생산(生産)
麗	丽 + 鹿 = 麗	여인(麗人) = 아름다운 여인
水	물의 흐름을 본뜸	수면(水面)	수영(水泳)

보충 ▶ 麗水 = 중국 형남의 지명(금이 많이 생산됨). / 水가 한자 구성에서 변으로 쓰일 때는 삼수변(氵) 아래물 수(氺)로 쓰임.

| 구슬 **옥** | 날 **출** | 산이름 **곤** | 산등성이 **강** |

玉 出 崑 岡

옥은 곤산(崑山)의 산등성에서 난다

玉	王 + 丶 = 玉	옥동자(玉童子)	옥색(玉色)
出	丨 + 屮 = 出	출생(出生)	출토(出土)
崑	山 + 昆 = 崑	곤산(崑山)=중국 강소성 지명	
岡	冂 + 屵 = 岡	① 언덕 ② 산등성이 ③ 산봉우리	

보충 ▶ 玉 = 구슬 세 개를 끈으로 꿴 모양을 본떴으나 후세에 王과 구별하기 위해서 丶을 첨가했음.

17

劍號巨闕

거궐이란 이름의 명검이 있고

劍	僉 + リ = 劍	검사(劍士)	명검(名劍)
號	号 + 虎 = 號	호령(號令)	호수(號數)
巨	匚 + ㄱ = 巨	거대(巨大)	거물(巨物)
闕	門 + 欮 = 闕	궐문(闕門)	대궐(大闕)

보충 ▶ 巨闕 = 고대 4대 명검 중의 하나.

구슬 주	일컬을 칭	밤 야	빛 광
珠	稱	夜	光

야광이라 일컫는 구슬이 있다

珠	王 + 朱 = 珠	주옥(珠玉)	진주(眞珠)
稱	禾 + 再 = 稱	칭송(稱頌)	칭호(稱號)
夜	亠 + 㐅 = 夜	야간(夜間)	야근(夜勤)
光	㔾 + 兀 = 光	광명(光明)	광채(光彩)

보충 ▶ 夜光 = 어두운 야간에도 물건을 밝게 비출 수 있는 구슬.

果 珍 李 柰

과일 중에 오얏과 사과가 진귀하고

果	田 ＋ 木 ＝ 果	과실(果實)	과즙(果汁)
珍	王 ＋ 㐱 ＝ 珍	진귀(珍貴)	진미(珍味)
李	木 ＋ 子 ＝ 李	이화(李花)＝오얏꽃	
柰	木 ＋ 示 ＝ 柰	내원(柰苑)＝절의 다른말	

보충 ▶ 果 = 나무(木)에 열린 열매(⊕＝田)모양을 본뜸.
柰苑 = 중국 낙양의 백마사에 능금나무가 많았던 데서 유래.

나물 채	무거울 중	겨자 개	생강 강
菜	重	芥	薑

채소에는 겨자와 생강이 소중하다

菜	⺿ + 采 = 菜	채소(菜蔬)	채식(菜食)
重	⺌ + 里 = 重	중대(重大)	소중(所重)
芥	⺿ + 介 = 芥	개자(芥子)=겨자. 겨자씨	
薑	⺿ + 畺 = 薑	생강(生薑)	건강(乾薑)

보충 ▶ 乾薑 = 말린 생강으로서 곽란, 복통, 설사 등에 특효.

21

<table>
<tr><td>바다 해</td><td>짤 함</td><td>강이름 하</td><td>싱거울 담</td></tr>
<tr><td>海</td><td>鹹</td><td>河</td><td>淡</td></tr>
</table>

바닷물은 짜고 강물은 싱거우며

海	氵 + 每 = 海	해물(海物)	해병(海兵)
鹹	鹵 + 咸 = 鹹	짠맛. 소금기	
河	氵 + 可 = 河	하천(河川)	황하(黃河)
淡	氵 + 炎 = 淡	담박(淡泊)	담수(淡水)

보충 黃河 = 중국 제2의 강. / 淡泊 = 욕심이 적고 깨끗함.
淡水 = 염분이 없는 맑은 물.

비늘 린	잠길 잠	날개 우	날 상
鱗	潛	羽	翔

물고기는 잠수하고 새는 하늘을 날아다닌다

鱗	魚 ＋ 粦 ＝ 鱗	비늘있는 동물의 총칭. 특히 물고기	
潛	氵 ＋ 朁 ＝ 潛	잠복(潛伏)	잠수(潛水)
羽	彐 ＋ 彐 ＝ 羽	①새의 날개 ②새 ③날짐승	
翔	羊 ＋ 羽 ＝ 翔	①날다 ②빙 돌며 날음	

보충 鱗 = 물고기.
　　　 羽 = 새.

<table>
<tr><td>용 룡</td><td>스승 사</td><td>불 화</td><td>임금 제</td></tr>
<tr><td>龍</td><td>師</td><td>火</td><td>帝</td></tr>
</table>

용사와 화제

龍	肓 + 䪞 = 龍	고대 중국에서는 제왕(帝王)을 용사라 하는데 龍자를 관명에 붙인 복희씨(伏羲氏)를 말한 것임.
師	𠂤 + 帀 = 師	
火	불 타오르는 상형자	신농씨(神農氏)를 지칭. 신농시대에는 불로 벼슬 이름을 붙였으므로 신농씨를 화제(火帝) 또는 염제(炎帝)라 불렀다.
帝	제삿상을 본뜸	

■보충▶ 龍師 (복희) = 중국 고대의 제왕. 역(易)의 팔괘를 만들었다 함.
　　　　火帝 (신농) = 「역경」에서는 농업의 신, 의사 및 악사의 신으로 불렸다.

새 조	벼슬 관	사람 인	임금 황

鳥官人皇

조관과 인황씨가 있었다

鳥	鳥 + 灬 = 鳥	소호씨(小昊氏)를 지칭. 새(鳥:봉황)로써 관명(官名)을 삼았다는 데서 비롯됨.
官	宀 + 㠯 = 官	
人	사람을 본뜸	중국 태고 시대를 다스렸던 천황씨, 인황씨 형제 중에 황제(皇帝)인 인황씨를 말한다.
皇	白 + 王 = 皇	

▶ **보충** 人皇 = 천황, 지황 등 형제 9명의 한 사람으로, 그의 형제들은 천하를 9주로 분할해 다스렸다 한다.

始 制 文 字

시초로 문자를 제정하였고

始	女 + 台 = 始	시초(始初)	시동(始動)
制	牜 + 刂 = 制	제정(制定)	제도(制度)
文	亠 + 乂 = 文	문명(文明)	문장(文章)
字	宀 + 子 = 字	자막(字幕)	한자(漢字)

보충 ▶ 복희씨 때에 비로소 글자가 만들어졌다는 뜻.

이에	내	옷	복	옷	의	치마	상

乃 服 衣 裳

이어서 옷다운 의상이 만들어졌다

乃	乃 + 丿 = 乃	이에. 곧	어조사
服	月 + 𠬝 = 服	복장(服裝)	양복(洋服)
衣	亠 + 𧘇 = 衣	의복(衣服)	의류(衣類)
裳	尙 + 衣 = 裳	낮에 입는 옷	常(같은 뜻)

보충 ▶ 처음으로 호조라는 사람이 옷을 만들어 입도록 가르쳤다는 뜻.
衣裳 = 상하의를 말하는 것임.

推位讓國

제위를 추천해 국위를 선양한 사람은

推	扌 + 隹 = 推	추앙(推仰)	추천(推薦)
位	亻 + 立 = 位	위치(位置)	제위(帝位)
讓	言 + 襄 = 讓	양도(讓渡)	선양(禪讓)
國	囗 + 或 = 國	국가(國家)	국위(國威)

보충▶ 제위를 타인에게 넘겨준다는 뜻. 요는 순에게, 순은 우(禹)에게 나라를 넘겨 주었다.

| 있을 유 | 순임금 성 우 | 땅이름 도 | 당나라 당 |

有 虞 陶 唐

요와 순 임금이다

有	𠂇 + 月 = 有	여기서 「有」는 어조사이며 「虞」는 순이 살던 땅 이름으로, 순은 이를 자기의 성으로 삼았다.
虞	虍 + 吳 = 虞	
陶	阝 + 匋 = 陶	「도당」은 요 임금의 칭호. 요 임금이 처음에 「陶」에 살다가 「唐」으로 옮겼으므로 이 두 곳을 합쳐 쓴 것이다.
唐	广 + 글 = 唐	

보충 ▶ 有虞 = 순 임금이 천자가 된 뒤에 나라 이름으로 삼았으므로, 「유우」는 순(舜)임금을 지칭한다.(요는 순 임금의 신하였었음)

弔 民 伐 罪

민생을 조문하기 위해 죄를 정벌한 것은

弔	弓 + ㅣ = 弔	조문(弔問)	조기(弔旗)
民	尸 + 乀 = 民	민생(民生)	민심(民心)
伐	亻 + 戈 = 伐	벌목(伐木)	정벌(征伐)
罪	罒 + 非 = 罪	죄인(罪人)	죄질(罪質)

▨보충▶ 弔民 = 백성을 사랑해 위문한다는 뜻.

周發殷湯

주무왕 발(發)과 은나라 탕왕이다

周	冂 + 吉 = 周	주나라를 세운 발(發)이 곧 주발이며, 후일의 무왕이다. 백성들을 학대한 주왕(紂王)을 정벌했음.
發	癶 + 殳 = 發	
殷	月 + 殳 = 殷	은나라 탕왕의 약칭. 무왕처럼 폭군인 걸왕(桀王)을 정벌하고 은나라를 세웠다.
湯	氵 + 昜 = 湯	

보충 ▶ 桀王 = 夏나라의 마지막 왕. / 紂王 = 殷나라의 마지막 왕.
중국 고대는 夏→殷→周로 이어졌음.

坐 朝 問 道

조정에 앉아서 도리를 묻고

坐	𠂉 + 土 = 坐	좌시(坐視)	정좌(正坐)
朝	龺 + 月 = 朝	조정(朝廷)	조석(朝夕)
問	門 + 口 = 問	문제(問題)	문의(問議)
道	辶 + 首 = 道	도리(道理)	도덕(道德)

보충 ▶ 임금이 조정에 앉아서 신하에게 나라를 다스리는 도리를 묻는다는 뜻이다.

드리울 수	팔짱낄 공	바를 평	밝을 장
垂	拱	平	章

옷을 드리우고 팔짱을 껴도 밝고 바르게 된다

垂	一 ＋ 垂 ＝ 垂	수직(垂直) ＝ 똑바로 드리움	
拱	扌 ＋ 共 ＝ 拱	공수(拱手)	공목(拱木)
平	干 ＋ 八 ＝ 平	평정(平定)	평화(平和)
章	产 ＋ 早 ＝ 章	밝다. 밝히다	문채 章으로도 쓰임

▶보충▶ 임금이 바르면 옷을 드리우고 팔짱을 끼고 있어도 나라가 잘 다스려진다는 뜻. / 拱手 ＝ 팔짱을 끼고 아무 일도 하지 않음. / 拱木 ＝ 한 아름드리 나무.

愛 育 黎 首

인민을 사랑하며 기르니

愛	怣 + 夂 = 愛	애인(愛人)	애정(愛情)
育	亠 + 月 = 育	육성(育成)	육영(育英)
黎	秒 + 氺 = 黎	「여수」란 검은 머리. 옛날 서민의 머리에는 관을 쓰지 못했으므로 인민을 뜻한다.	
首	丷 + 自 = 首		

보충 ▶ 首 = 머리털이 나 있는 머리 모양을 본뜸.

| 신하 **신** | 엎드릴 **복** | 오랑캐 **융** | 오랑캐 **강** |

臣伏戎羌

오랑캐까지 신하로서 굴복한다

臣	臣 + ∟ = 臣	신하(臣下)	충신(忠臣)
伏	亻 + 犬 = 伏	복걸(伏乞)	굴복(屈伏)
戎	十 + 戈 = 戎	융적(戎狄)=북방 오랑캐	
羌	羊 + 儿 = 羌	중국 서쪽 오랑캐	

■보충 ▶ 중국을 중심으로 사방의 이민족을 오랑캐로 보는 사상이 깃들어 있다.

<table>
<tr><td>멀 하</td><td>가까울 이</td><td>한 일</td><td>바탕 체</td></tr>
<tr><td>遐</td><td>邇</td><td>壹</td><td>體</td></tr>
</table>

멀고 가까이 있는 자들이 일체가 되어

遐	辶 + 叚 = 遐	①멀다 ②멀리하다 ③멀어짐	
邇	辶 + 爾 = 邇	이래(邇來)=요즈음. 근래	
壹	士 + 壺 = 壹	一과 같은 자	오로지. 모두
體	骨 + 豊 = 體	일심동체(一心同體)	

보충 ▶ 壹 = 증서나 계약 등의 숫자에 주로 사용된다.

거느릴 솔 / 손님 빈 / 돌아갈 귀 / 임금 왕

率 賓 歸 王

빈객을 인솔해 왕에게 귀순한다

率	㳄 + ⼗ = 率	솔선(率先)	인솔(引率)
賓	宀 + 貝 = 賓	빈객(賓客)	귀빈(貴賓)
歸	𠂤 + 帚 = 歸	귀가(歸家)	귀순(歸順)
王	三 + 丨 = 王	왕실(王室)	왕좌(王座)

보충 ▶ 왕의 덕에 심복하고 귀의한다는 뜻.

鳴 鳳 在 樹

鳴	口 + 鳥 = 鳴	비명(悲鳴)	새·짐승의 울음
鳳	几 + 鳥 = 鳳	봉황(鳳凰)	봉룡(鳳龍)
在	才 + 土 = 在	재임(在任)	재학(在學)
樹	木 + 尌 = 樹	수목(樹木)	식수(植樹)

보충 ▶ 鳳凰 = 성인이 세상에 나타날 때 함께 나타난다는 상상의 새.
鳳 = 암컷, 凰 = 숫컷.

| 흰 | 백 | 망아지 | 구 | 먹을 | 식 | 마당 | 장 |

白 駒 食 場

흰 망아지는 식장가에 있다

白	＇ ＋ 日 ＝ 白	백마(白馬)	백옥(白玉)
駒	馬 ＋ 句 ＝ 駒	두 살난 말	구영(駒影)
食	亼 ＋ 良 ＝ 食	식구(食口)	식성(食性)
場	土 ＋ 昜 ＝ 場	장소(場所)	장내(場內)

보충 ▶ 駒影 = 해의 그림자. 日光.

化 被 草 木

덕화가 초목에 미치고

化	亻 + 匕 = 化	덕화(德化)	화합(化合)
被	衤 + 皮 = 被	피동(被動)	피해(被害)
草	艹 + 早 = 草	초가(草家)	초원(草原)
木	나무를 본뜸	목석(木石)	목재(木材)

보충 ▶ 被動 = 자립성이 없이 남의 힘으로 움직임.

賴 及 萬 方

신뢰심은 만방에 미친다

賴	束 + 頁 = 賴	신뢰심(信賴心)	
及	丂 + 人 = 及	급락(及落)	급제(及第)
萬	艹 + 禹 = 萬	만능(萬能)	만사(萬事)
方	亠 + 刀 = 方	방면(方面)	방향(方向)

보충 ▶ 方 = 손잡이가 좌우로 나온 쟁기 모양을 본뜸.

대개 사람의 신체 발부에는

蓋	⺿ + 盍 = 蓋	대개(大蓋) = 추측하는말	
此	止 + 匕 = 此	여기서는 발어사에 지나지 않음	
身	身 + ノ = 身	신장(身長)	신체(身體)
髮	髟 + 犮 = 髮	금발(金髮)	백발(白髮)

보충 ▶ **身體髮膚** = 몸과 머리털과 피부. 온몸.

<table>
<tr><td>넉 사</td><td>큰 대</td><td>다섯 오</td><td>항상 상</td></tr>
<tr><td>四</td><td>大</td><td>五</td><td>常</td></tr>
</table>

4대 요소와 5상이 있다

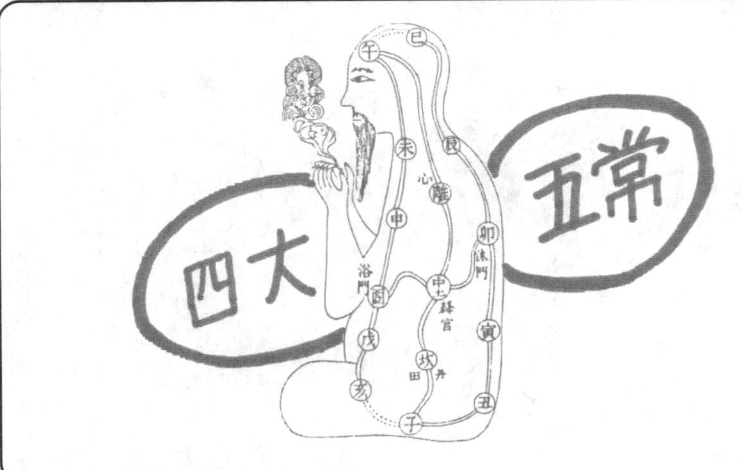

四	口 + 儿 = 四	사람의 신체는 죽으면 그 근본인 땅, 물, 불, 바람으로 돌아간다.
大	一 + 人 = 大	
五	丂 + 二 = 五	인의예지신(仁義禮智信)이 오상의 도이니, 이것을 항상 연마해야 한다는 뜻이다.
常	尙 + 帛 = 常	

보충 ▶ 四大 = 가죽·살·힘줄·머리털·손발톱 등은 땅으로, 침·눈물·피·대소변은 물로, 몸의 따뜻한 기운은 불로, 움직이는 성품은 바람으로 돌아간다함.

恭 惟 鞠 養

길러준 부모의 은공을 공손하게 생각하면

恭	共 + 小 = 恭	공경(恭敬)	공손(恭遜)
惟	忄 + 隹 = 惟	사유(思惟)=생각하다	
鞠	革 + 匊 = 鞠	「굽히다」이나 여기선 「기른다」는 뜻	
養	羊 + 良 = 養	양식(養殖)	양육(養育)

보충 ▶ 鞠 = 본뜻은 저미차다 등이다.(기른다는 뜻으로 풀이했으나 요즘은 잘 쓰지 않음)

| 어찌 기 | 감히 감 | 헐 훼 | 다칠 상 |

豈敢毁傷

어찌 감히 몸을 훼상하겠는가

豈	∺ + 豆 = 豈	승전악 「개」로도 읽음	
敢	耳 + 攵 = 敢	감당(敢當)	감행(敢行)
毁	臼 + 殳 = 毁	훼방(毁謗)	훼손(毁損)
傷	亻 + 昜 = 傷	상처(傷處)	상해(傷害)

보충 ▶ 豈樂 = 싸움에 이겼을 때 연주하는 음악.

<table>
<tr><td>계집 녀</td><td>사모할 모</td><td>곧을 정</td><td>세찰 렬</td></tr>
<tr><td>女</td><td>慕</td><td>貞</td><td>烈</td></tr>
</table>

여자는 정렬을 사모하고

女	여자의 몸을본뜸	여자(女子)	여성(女性)
慕	莫 + 小 = 慕	사모(思慕)	애모(愛慕)
貞	卜 + 貝 = 貞	정조(貞操)	정녀(貞女)
烈	列 + 灬 = 烈	열녀(烈女)	열화(烈火)

보충 ▶ 여자는 곧은 절개를 사모해야 한다는 뜻이다.

사내 **남**	본받을 **효**	재주 **재**	어질 **량**
男	效	才	良

남자는 재능이 훌륭한 사람을 본받아야 한다

男	田 ＋ 力 ＝ 男	남자(男子)	남아(男兒)
效	交 ＋ 攵 ＝ 效	효과(效果)	효칙(效則)
才	十 ＋ ノ ＝ 才	재능(才能)	재치(才致)
良	艮 ＋ ㇏ ＝ 良	양민(良民)	양심(良心)

보충 ▶ 效則 ＝ 본 받아 법으로 삼음.

47

知 過 必 改

知	矢 + 口 = 知	지식(知識)	지혜(知慧)
過	辶 + 咼 = 過	과실(過失)	과언(過言)
必	必 + 丶 = 必	필사(必死)	필승(必勝)
改	己 + 攵 = 改	개선(改善)	개혁(改革)

보충 ▶ 過의 본의는 「건너가다」이나 여기서는 허물.

<table>
<tr><td>얻을 득</td><td>능할 능</td><td>없을 막</td><td>잊을 망</td></tr>
<tr><td>得</td><td>能</td><td>莫</td><td>忘</td></tr>
</table>

능히 득도했다면 망각하지 말라

得	彳 + 㝵 = 得	득도(得道)	득표(得票)
能	肯 + 匕 = 能	능력(能力)	능통(能通)
莫	艹 + 吳 = 莫	무(無)와 같음	금지사
忘	亡 + 心 = 忘	망각(忘却)	망아(忘我)

▶ 보충 ▶ 忘我 = 나를 잊음. 어떤 일에 마음을 뺏겨 자신을 인식하지 못함.

罔談彼短

남의 단점을 말하지 말고

罔	冂 + 罒 = 罔	하지 말라는 뜻	
談	訁 + 炎 = 談	담론(談論)	담화(談話)
彼	彳 + 皮 = 彼	피차(彼此) = 서로간에	
短	矢 + 豆 = 短	단검(短劍)	단점(短點)

보충 ▶ 罔 = 본의는 그물 「망」이나 여기선 무(無)의 뜻이다.
彼 = 상대방을 뜻함.

없을 미 | 믿을 시 | 몸 기 | 길 장

靡恃己長

자기의 장점을 믿지 말라

靡	广 + 韭 = 靡	부정하는 말	
恃	忄 + 寺 = 恃	믿고 의지하다	어머니의 이칭
己	몸의 모양을 본뜸	극기(克己)	자기(自己)
長	镸 + ㇏ = 長	장신(長身)	장점(長點)

보충 ▶ 己 = 오행설에 따르면 무기(戊己)는 오행의 중앙에 해당하므로 만물이 몸을 움츠려 숨은 형상을 본뜸. 또는 밖에 있는 남에게 안에 있는 자기를 뜻함.

信 使 可 覆

신의는 반복하게 함이 좋으며

信	亻 + 言 = 信	신용(信用)	신의(信義)
使	亻 + 吏 = 使	…로 하여금. ~하게 함(명령)	
可	丁 + 口 = 可	가능(可能)	가망(可望)
覆	覀 + 復 = 覆	반복(反覆)	복면(覆面)

보충 ▶ 使 =「하게 한다면」. 가설의 뜻.

그릇 기	바랄 욕	어려울 난	양 량
器	欲	難	量

기량은 남이 측량하기 어려움을 바란다

器	品 + 㕚 = 器	기량(器量)	기물(器物)
欲	谷 + 欠 = 欲	욕구(欲求)	욕망(欲望)
難	菓 + 隹 = 難	난감(難堪)	난처(難處)
量	旦 + 里 = 量	역량(力量)	측량(測量)

▶ 보충 ▶ 器 = 口자 넷은 '갖가지'를 뜻하며, 犬은 종류가 많다는 뜻으로 여러가지 그릇을 나타냄.

<table>
<tr><td>먹 묵</td><td>슬퍼할 비</td><td>실 사</td><td>물들일 염</td></tr>
<tr><td>墨</td><td>悲</td><td>絲</td><td>染</td></tr>
</table>

묵적은 흰실에 염색하는 것을 비통해 했고

墨	黑 + ㅗ = 墨	먹을 뜻하나 여기선 묵적(墨翟)의 성	
悲	非 + 心 = 悲	비극(悲劇)	비통(悲痛)
絲	糸 + 糸 = 絲	생사(生絲)	원사(原絲)
染	氿 + 木 = 染	염료(染料)	염색(染色)

보충 **墨翟** = 중국 전국시대의 사상가.
흰실에 염색하듯이 선한 사람이 악에 오염되는 것을 슬퍼한 것이다.

54

시 **詩**	기릴 **讚**	양새끼 **고**	염소 **양**

詩讚羔羊

시경은 고양편을 찬양했다

詩	言 + 寺 = 詩	시경(詩經)	시풍(詩風)
讚	言 + 贊 = 讚	찬송(讚頌)	찬양(讚揚)
羔	羊 + 灬 = 羔	새끼 양	
羊	丷 + 𰀁 = 羊	양모(羊毛)	백양(白羊)

보충 ▶ 『시경』「고양편」＝ 국왕이 문왕의 덕정에 감화되니, 모든 사람들이 새끼양처럼 온순해졌다는 내용.

景 行 維 賢

景	⊟ + 京 = 景	경관(景觀)	경기(景氣)
行	彳 + 亍 = 行	행동(行動)	행위(行爲)
維	糸 + 隹 = 維	이는	발어사
賢	臤 + 貝 = 賢	현명(賢明)	현인(賢人)

보충 ▶ 景 = 빛나는 존재를 뜻함.

이길 **극**	생각할 **념**	지을 **작**	성인 **성**

克 念 作 聖

극기로 도의를 상념하면 성인도 될 수 있다

克	十 + 兄 = 克	극기(克己)	극복(克服)
念	今 + 心 = 念	염원(念願)	상념(想念)
作	亻 + 乍 = 作	작심(作心)	작용(作用)
聖	耳 + 壬 = 聖	성덕(聖德)	성인(聖人)

보충 克己 = 사리사욕에 끌리는 자기를 이겨냄.

德建名立

덕을 세우면 명성이 서고

德	彳 + 悳 = 德	덕성(德性)	덕망(德望)
建	廴 + 聿 = 建	건립(建立)	건설(建設)
名	夕 + 口 = 名	명사(名士)	명성(名聲)
立	亠 + 丬 = 立	입신양명(立身揚名)	

보충 ▶ 立身揚名 = 세상에 출세해 명성을 날림.

형상 형	바를 단	나타낼 표	바를 정
形	端	表	正

형상이 단정하면 표면 또한 바르게 된다

形	开 + 彡 = 形	형상(形相)	형언(形言)
端	立 + 耑 = 端	단서(端緒)	단정(端正)
表	主 + 衣 = 表	표면(表面)	표정(表情)
正	一 + 止 = 正	정당(正當)	정직(正直)

보충   形言 = 표현해 말함.

空谷傳聲

빈 골짜기에 군자의 음성은 전달되고

空	穴 + 工 = 空	공상(空想)	공중(空中)
谷	八 + 合 = 谷	계곡(溪谷)	협곡(峽谷)
傳	亻 + 專 = 傳	전갈(傳喝)	전달(傳達)
聲	殸 + 耳 = 聲	성명(聲明)	음성(音聲)

보충 ▶ 聲明 = 자기의 의지나 태도를 공식적으로 발표함.

빌 **허**	집 **당**	익힐 **습**	들을 **청**

虛 堂 習 聽

빈집에서 한 말이라도 신은 익히 듣는다

虛	虍 + 业 = 虛	허공(虛空)	허황(虛荒)
堂	尙 + 土 = 堂	명당(明堂)	식당(食堂)
習	羽 + 白 = 習	습관(習慣)	습득(習得)
聽	耳 + 悳 = 聽	청중(聽衆)	청취(聽取)

▶ **보충** 　虛誕 = 거짓되고 근거가 없음.

61

<table>
<tr><td>재화 화</td><td>말미암을 인</td><td>모질 악</td><td>쌓을 적</td></tr>
<tr><td>禍</td><td>因</td><td>惡</td><td>積</td></tr>
</table>

재앙은 악업이 쌓인 인과응보이며

禍	示 + 咼 = 禍	화근(禍根)	화복(禍福)
因	口 + 大 = 因	인과응보(因果應報)	
惡	亞 + 心 = 惡	악업(惡業)	악연(惡緣)
積	禾 + 責 = 積	적금(積金)	적립(積立)

보충 ▶ 因果應報 = 좋은 인연에는 좋은 과보가 따르고 악업에는 나쁜 과보가 따른다는 말.

복 福	인연 緣	착할 善	경사 慶

福緣善慶

복은 선행과 경사에 연유된다

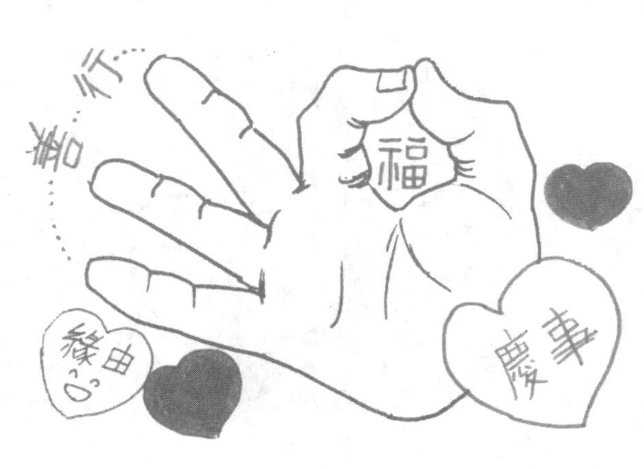

福	示 + 畐 = 福	복권(福券)	복음(福音)
緣	糸 + 彖 = 緣	연유(緣由)	인연(因緣)
善	羊 + 口 = 善	선량(善良)	선행(善行)
慶	鹿 + 夂 = 慶	경사(慶事)	경축(慶祝)

보충　緣由 = 事由. 무슨 일이 거기에서 비롯됨.

尺 璧 非 寶

한 자의 벽옥이 보배가 아니며

尺	尸 + 丶 = 尺	척도(尺度)=계량의 표준	
璧	辟 + 玉 = 璧	벽옥(璧玉)	
非	⼺ + ⺀ = 非	비리(非理)=도리가 아님	
寶	宑 + 貝 = 寶	보물(寶物)	보화(寶貨)

▶ 보충 ▶ 璧玉 = 넓적하게 생긴 옥은 「璧」, 둥근 모양의 것은 「玉」.

치 촌	그늘 음	이 시	다툴 경
寸	陰	是	競

촌음이라도 이것을 다투어야 한다

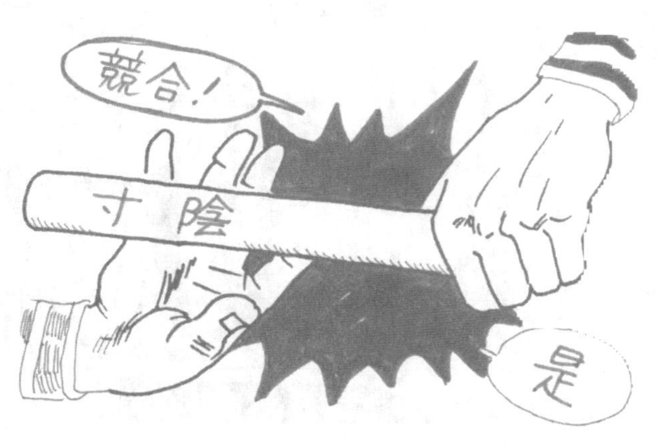

寸	寸 + 丶 = 寸	촌음(寸陰)=아주 짧은 시간	
陰	阝 + 侌 = 陰	음지(陰地)	음흉(陰凶)
是	日 + 疋 = 是	이.이것.이곳	지시하는 말
競	竞 + 竞 = 競	경쟁(競爭)	경합(競合)

보충 ▶ 是 = 옳을 「시」로 쓰이나 여기선 도구법상의 글자.

資父事君

資	次 + 貝 = 資	재물「자」. 여기서는 취할「자」	
父	ㅅ + 乂 = 父	부모(父母)	부친(父親)
事	쿡 + ㅣ = 事	일「사」. 여기서는 섬길「사」	
君	尹 + 口 = 君	군신(君臣)	군주(君主)

보충 ▶ 君臣 = 군주와 신하.

가로 **왈**	엄할 **엄**	더불어 **여**	공경 **경**
曰	嚴	與	敬

이것을 일러 엄격함과 더불어 공경함이다

曰	口 + 一 = 曰	말하기를. 이르다. 일컫다
嚴	严 + 敢 = 嚴	엄격(嚴格)	엄정(嚴正)
與	臼 + 八 = 與	함께	여당(與黨)
敬	苟 + 攵 = 敬	경건(敬虔)	공경(恭敬)

보충 曰 = 날 일(日)자와 혼동되지 않게 조심.

孝 當 竭 力

효도는 당연히 총력을 다할 것이며

孝	耂 + 子 = 孝	효도(孝道)	효자(孝子)
當	龸 + 田 = 當	당신(當身)	당연(當然)
竭	立 + 曷 = 竭	갈력(竭力)=있는 힘을 다함	
力	フ + ノ = 力	역량(力量)	역작(力作)

보충 ▶ 當身 = 어른을 높여 이르는 3인칭. 부부간의 호칭.

충성 충	곧 즉	다할 진	목숨 명
忠	則	盡	命

충성하려면 곧 목숨을 다해야 한다

忠	中 + 心 = 忠	충성(忠誠)	충신(忠臣)
則	貝 + 刂 = 則	법 「칙」으로도 쓰임	
盡	聿 + 皿 = 盡	진력(盡力)	진언(盡言)
命	令 + 口 = 命	명령(命令)	생명(生命)

보충 則 = 화폐(貝) 곧 물화를 일정한 법칙으로 나눈다(刂)는 뜻.

臨 深 履 薄

심연에 임하듯 박빙을 밟듯이 하고

臨	臣 + 品 = 臨	임검(臨劍)	임박(臨迫)
深	氵 + 罙 = 深	심각(深刻)	심연(深淵)
履	尸 + 復 = 履	이력(履歷)	이행(履行)
薄	艹 + 溥 = 薄	박봉(薄俸)	박빙(薄氷)

보충 ▶ 深淵 = 깊은 못. 깊은 웅덩이.
薄氷 = 살얼음.

| 일찍 숙 | 일어날 흥 | 따뜻할 온 | 서늘할 청 |

夙興溫凊

일찍 일어나 따뜻하거나 시원하게 해드려야 한다

夙	几 + 歹 = 夙	숙성(夙成)	숙기(夙起)
興	睴 + 八 = 興	흥미(興味)	흥성(興盛)
溫	氵 + 昷 = 溫	온기(溫氣)	온탕(溫湯)
淸	氵 + 靑 = 淸	서늘함. 선선함	청명(淸明)

보충 ▶ 夙起 = 아침 일찍 일어남.
부모님을 겨울에는 따뜻하게 여름에는 시원하게 해드려야 한다는 뜻이다.

似 蘭 斯 馨

덕은 난초와 같이 이 향기를 풍기고

似	亻 ＋ 以 ＝ 似	근사(近似)	～같이
蘭	艹 ＋ 闌 ＝ 蘭	난초(蘭草)	목란(木蘭)
斯	其 ＋ 斤 ＝ 斯	사물을 가리키는 대명사	
馨	殸 ＋ 香 ＝ 馨	향기를 풍기고	덕화나 명성

보충 ▶ 木蘭 ＝ 목련과 같음.

72

<table>
<tr><td>같을 여</td><td>소나무 송</td><td>어조사 지</td><td>성할 성</td></tr>
</table>

如 松 之 盛

송백의 무성함과 같다

如	女 + 口 = 如	~과 같다
松	木 + 公 = 松	송백(松柏)=소나무와 잣나무
之	` + 乀 = 之	~의 / 관형격 조사
盛	成 + 皿 = 盛	성대(盛大) / 무성(茂盛)

보충 ▶ 之 = 주격조사로 ~가, ~이. / 목적격조사로 ~을, ~를 / 동사로 가다 / 대명사로 그것, 이것 등으로 쓰인다.

川 流 不 息

냇물은 쉬지도 않고 흐르고

川	냇물을 본떴음	산천(山川)	하천(河川)
流	氵 + 㐬 = 流	유수(流水)	유출(流出)
不	一 + 亻 = 不	불가(不可)	아니다.~않고
息	自 + 心 = 息	휴식(休息)	안식(安息)

보충 ▶ 不 = 국어에서 ㄷ·ㅈ음 위에 올 때에는 「부」로 읽음. 부득이(不得已).

못 연	맑을 징	취할 취	비칠 영
淵	澄	取	映

연못물은 맑아 속까지 취해 비쳐 보인다

淵	氵 + 㶜 = 淵	심연(深淵)=깊은 못
澄	氵 + 登 = 澄	징심(澄心)=마음을 맑게 함
取	耳 + 又 = 取	취사선택(取捨選擇)
映	日 + 央 = 映	영상(映像) / 반영(反映)

보충 ▶ 取捨選擇 = 쓸 것은 취하고 버릴 것은 버려 골라잡음.

容止若思

기거동작은 생각하는 것과 같이 하고

容	宀 + 谷 = 容	용모(容貌)	용색(容色)
止	卜 + 一 = 止	지혈(止血)	중지(中止)
若	艹 + 右 = 若	~과 같이	형용사
思	田 + 心 = 思	사념(思念)	사색(思索)

보충 ▶ 容止 = 기거동작(起居動作). 일상생활에서의 행동과 거지.

말씀 언	말씀 사	편안할 안	정할 정
言	辭	安	定

언사는 편안하게 안정시켜야 한다

言	二 + 口 = 言	언동(言動)	언행(言行)
辭	𤔔 + 辛 = 辭	사설(辭說)	사전(辭典)
安	宀 + 女 = 安	안녕(安寧)	편안(便安)
定	宀 + 疋 = 定	정설(定說)	정식(定式)

보충 ▶ 言辭 = 語辭. 말. 말씨.

篤 初 誠 美

처음을 돈독하게 정성을 다함은 아름다우며

篤	竹 + 馬 = 篤	독실(篤實)	돈독(敦篤)
初	ネ + 刀 = 初	초기(初期)	초보(初步)
誠	言 + 成 = 誠	성실(誠實)	정성(精誠)
美	羊 + 大 = 美	미덕(美德)	미인(美人)

보충 ▶ 美 = 크고(大) 살찐 양(羊)의 뜻.

삼갈 **신**	끝 **종**	옳을 **의**	하여금 **령**
愼	終	宜	令

종결을 신중하게 하는 것이 의당 좋은 것이다

愼	忄 + 眞 = 愼	신중(愼重)	신계(愼戒)
終	糸 + 冬 = 終	종결(終決)	종말(終末)
宜	宀 + 且 = 宜	의당(宜當)	편의(便宜)
令	亼 + 卩 = 令	착하다. 좋음. 아름다움	

▶ 보충 ▶ 愼 = 조심스런 마음(忄)으로 언행을 진지하게(眞) 가진다는 뜻. 眞의 변음이 음을 이룸.

榮 業 所 基

영달과 사업에는 기본이 따르는 바가 있고

榮	⺌ + 宋 = 榮	영달(榮達)	영화(榮華)
業	⺍ + 羊 = 業	업주(業主)	사업(事業)
所	戶 + 斤 = 所	~하는 바	대명사
基	其 + 土 = 基	기본(基本)	기인(基因)

보충 ▶ 基因 = 기본이 되는 표준.

籍甚無竟

명성의 안락함에는 끝이 없다

籍	⺮ + 耤 = 籍	본적(本籍)	학적(學籍)
甚	其 + 匹 = 甚	심지어(甚至於)	
無	无 + 灬 = 無	무능(無能)	무명(無名)
竟	立 + 兒 = 竟	다하다	경석(竟夕)

▶ **보충** ▶ 籍甚 = 여기서 「籍」은 명성의 뜻이며, 「甚」은 안락함이니 「명성이 안락해진다」는 뜻이 된다. / 竟夕 = 밤새도록.

學優登仕

학문이 우수하면 벼슬에 오르고

學	與 + 子 = 學	학문(學文)	학자(學者)
優	亻 + 憂 = 優	우수(優秀)	우월(優越)
登	癶 + 豆 = 登	등용(登用)	등장(登場)
仕	亻 + 士 = 仕	사관(仕官)	봉사(奉仕)

보충 登用 = 登庸으로도 씀.

당길 섭	구실 직	좇을 종	정사 정
攝	職	從	政

직무를 집행해 정치에 종사하는 것이다

攝	扌 + 聶 = 攝	섭정(攝政)	
職	耳 + 戠 = 職	직무(職務)	직책(職責)
從	彳 + 㐺 = 從	종사(從事)	종씨(從氏)
政	正 + 攵 = 政	정사(政事)	정치(政治)

보충 ▶ 政 = 바르지 않은 자를 쳐서(攵) 바르게(正) 만든다는 뜻. 「正」이 음을 이룸.
　　　攝政 = 임금을 대신해 정사를 봄.

存以甘棠

생존시에는 감당나무로써 기념했으며

存	𠂇 + 子 = 存	존재(存在)	생존(生存)
以	𠃜 + 人 = 以	~으로써	전치사
甘	廿 + = 甘	감주(甘酒)	감초(甘草)
棠	𫧀 + 呆 = 棠	감당나무	

보충 옛날 주나라의 소공석이 남쪽지방을 순회하면서 민폐를 염려해 감당나무
밑에서 노숙하며 민정 보고를 들었다는 데서 유래.

갈 거	말이을 이	더할 익	읊을 영
去	而	益	詠

떠난 후에도 감당시를 유익하게 읊었다

去	土 + 厶 = 去	거래(去來)	거취(去就)
而	丆 + 𝍂 = 而	~에는	접속사
益	𠔼 + 皿 = 益	유익(有益)	이익(利益)
詠	言 + 永 = 詠	영가(詠歌)=시가를 읊음	

보충 ▶ 여기서 「去」는 사거(死去)를 뜻함. 그가 죽은 후에도 더욱 그를 사모해 감당시를 읊었다.

樂 殊 貴 賤

樂	纵 + 木 = 樂	악사(樂士)	음악(音樂)
殊	歹 + 朱 = 殊	특수(特殊)	다르다
貴	曲 + 貝 = 貴	귀인(貴人)	귀중(貴重)
賤	貝 + 戔 = 賤	천대(賤待)	천인(賤人)

보충 ▶ 樂 = 즐거울 「락」으로도 통용.

예도 예	다를 별	높을 존	낮게 여길 비
禮	別	尊	卑

예의도 높고 낮음을 구별했다

禮	示 + 豊 = 禮	예법(禮法)	예의(禮儀)
別	另 + リ = 別	별개(別個)	구별(區別)
尊	酋 + 寸 = 尊	존경(尊敬)	존중(尊重)
卑	甶 + 十 = 卑	비겁(卑怯)	비천(卑賤)

보충 ▶ 尊 =「酋」는 술,「寸」은 손. 신에게 바치는 술이므로 존귀를 나타냄.

<table>
<tr><td>윗 상</td><td>온화할 화</td><td>아래 하</td><td>화목할 목</td></tr>
<tr><td colspan="4" style="text-align:center">上 和 下 睦</td></tr>
</table>

위가 온화해야 아래가 화목하며

上	ㅏ + ㅡ = 上	상사(上司)	상수(上手)
和	禾 + 口 = 和	화기(和氣)	온화(溫和)
下	一 + ㅏ = 下	하류(下流)	하수(下手)
睦	目 + 坴 = 睦	친목(親睦)	화목(和睦)

보충 ▶ 和 = 「禾」는 조 이삭이 둥글게 숙어진 모양을 본뜬 글자로 모나지 않음의 뜻.

<table>
<tr><td>지아비 부</td><td>부를 창</td><td>아내 부</td><td>따를 수</td></tr>
</table>

夫唱婦隨

남편이 부르면 부인은 따라야 한다

夫	一 + 大 = 夫	부군(夫君)	부부(夫婦)
唱	口 + 昌 = 唱	창극(唱劇)	선창(先唱)
婦	女 + 帚 = 婦	부녀(婦女)	부인(婦人)
隨	阝 + 肯 = 隋	수종(隨從)	수행(隨行)

보충 ▶ 남존여비 사상이 농후하다.

外 受 傅 訓

밖에서는 사부의 교훈을 수용하고

外	夕 + 卜 = 外	외박(外泊)	외부(外部)
受	爫 + 又 = 受	수업(受業)	수용(受容)
傅	亻 + 尃 = 傅	사부(師傅)	부회(傅會)
訓	言 + 川 = 訓	훈시(訓示)	교훈(校訓)

보충 ▶ 外 = 저녁(夕)에 점치는 일(卜)은 예외인 데서 「밖」을 뜻함.
傅會 = 억지로 갖다 붙힘.

들 **입**	받들 **봉**	어미 **모**	거동 **의**

入 奉 母 儀

들어와서는 모친의 의용을 본받는다

入	フ ＋ 丶 ＝ 入	입문(入門)	입주(入住)
奉	夫 ＋ 龶 ＝ 奉	봉사(奉事)	봉양(奉養)
母	毋 ＋ 冫 ＝ 母	모친(母親)	부모(父母)
儀	亻 ＋ 義 ＝ 儀	의례(儀禮)	의용(儀容)

> **보충** ▶ 儀容 ＝ 몸가짐 또는 예의를 갖춘 태도.

諸 姑 伯 叔

고모·백부·숙부는 모두 부친의 형제자매이니

諸	言 + 者 = 諸	제군(諸君)=여러분. 그대들
姑	女 + 古 = 姑	고모(姑母)=부친의 자매
伯	亻 + 白 = 伯	백부(伯父)=큰 아버지
叔	朮 + 又 = 叔	숙부(叔父)=작은 아버지

보충▶ 아버지의 형제자매는 고모, 백부, 숙부이며

역시 유	아들 자	견줄 비	아이 아
猶	子	比	兒

역시 아이를 견주어 친자식처럼 여긴다

猶	犭 + 酋 = 猶	역시. 같음	
子	了 + 一 = 子	자식(子息)	자제(子弟)
比	上 + ヒ = 比	비교(比較)	비유(比喩)
兒	臼 + 儿 = 兒	아자(兒子)=갓난애. 아이들	

보충 ▶ 그들이 낳은 자식들은 조카이니, 자기 친자식처럼 사랑해야 한다는 것을 강조한 장이다.

孔 懷 兄 弟

간절히 품고 싶은 것은 형제지간이니

孔	子 + 乚 = 孔	매우. 간절히
懷	忄 + 褱 = 懷	회포(懷抱)=가슴에 품음
兄	口 + 儿 = 兄	형우제공(兄友弟恭)=형은 아우를 우애하고 아우는 형을 공경함. 형제간의 우애를 다함.
弟	弔 + 丿 = 弟	

보충 ▶ 孔 = 흔히 공자(孔子)의 성으로 쓰이나, 여기선 「간절히~」로 사용된다.

同 氣 連 枝

동기란 한 나무에 가지가 연결된 것이다

同	冂 + 口 = 同	동감(同感)	동포(同胞)
氣	气 + 米 = 氣	기력(氣力)	기색(氣色)
連	辶 + 車 = 連	연결(連結)	연맹(連盟)
枝	木 + 支 = 枝	지엽(枝葉)=가지와 잎	

보충 ▶ 枝 = 나무(木) 줄기에서 갈라진 것(支)을 뜻함.「支」가 음을 이룸.

<table>
<tr><td>사귈 교</td><td>벗 우</td><td>던질 투</td><td>분수 분</td></tr>
<tr><td>交</td><td>友</td><td>投</td><td>分</td></tr>
</table>

벗을 사귀는 데는 정분이 서로 투합하며

交	亠 + 乂 = 交	교류(交流)	교분(交分)
友	𠂇 + 又 = 友	우애(友愛)	우정(友情)
投	扌 + 殳 = 投	투서(投書)	투합(投合)
分	八 + 刀 = 分	분별(分別)	정분(情分)

보충 ▶ 友 = 구부린 손(又)과 손을 맞잡고 의좋게 감싸주는 사이를 뜻함.

끊을 절	갈 마	경계 잠	법 규
切	磨	箴	規

절마로 경계하고 규율을 지켜야 한다

切	七 + 刀 = 切	절감(切感)	절박(切迫)
磨	麻 + 石 = 磨	마멸(摩滅) = 닳아 없어짐	
箴	竹 + 咸 = 箴	잠언(箴言) = 경계가 되는 말	
規	夫 + 見 = 規	규율(規律)	규칙(規則)

보충 ▶ **切磨** = 나무는 자르고(切) 옥은 갈아서(磨) 광을 내듯이, 모든 것을 정성스럽게 닦고 가는 것.

仁 慈 隱 惻

인자하고 측은한 마음이

仁	亻 + 二 = 仁	인덕(仁德)	인의(仁義)
慈	玆 + 心 = 慈	자비(慈悲)	자선(慈善)
隱	阝 + 㥯 = 隱	은신(隱身)	은퇴(隱退)
惻	忄 + 則 = 惻	측은(惻隱) = 비통함	

보충 ▶ 慈 = 기르는(玆) 심정(心), 곧 어머니의 자애로움을 뜻함. 「玆」가 음을 이룸.

<table>
<tr><td>잠깐 조</td><td>버금 차</td><td>아닐 불</td><td>떠날 리</td></tr>
<tr><td>造</td><td>次</td><td>弗</td><td>離</td></tr>
</table>

잠시조차 떠나서는 안된다

造	辶 + 告 = 造	조화(造化)	때. 시세
次	冫 + 欠 = 次	차기(次期)	차례(次例)
弗	弓 + 川 = 弗	아니다.「不」보다 강한 부정
離	离 + 隹 = 離	이별(離別)	이탈(離脫)

▶ **보충** 造次 = 눈깜짝할 사이. 곧 잠시 동안을 가리키는 말.

節義廉退

절도와 의리 · 청렴 · 결백과 물리침은

節	竹 + 卽 = 節	절개(節槪)	절도(節度)
義	羊 + 我 = 義	의리(義理)	의인(義人)
廉	广 + 兼 = 廉	염가(廉價)	청렴(淸廉)
退	辶 + 艮 = 退	퇴치(退治)	퇴각(退却)

보충 ▶ 淸廉 = 마음이 깨끗하고 바름(결백).

뒤집힐 전	넘어질 패	아니 비	이지러질 휴
顚	沛	匪	虧

뒤집히고 넘어지는 순간에도 이지러지면 안된다

顚	眞 + 頁 = 顚	전도(顚倒)	전복(顚覆)
沛	氵 + 市 = 沛	자빠지다	
匪	匚 + 非 = 匪	비적(匪賊)	~안된다
虧	雇 + 亐 = 虧	손상됨. 무너지다	

보충 ▶ 虧月 = 이지러진 달.

性 靜 情 逸

본성이 고요하면 뜻이 안일해지고

性	忄 + 生 = 性	성품(性品)	본성(本性)
靜	靑 + 爭 = 靜	정결(靜潔)	정화(靜化)
情	忄 + 靑 = 情	정분(情分)	정열(情熱)
逸	辶 + 兔 = 逸	일품(逸品)	안일(安逸)

보충 ▶ 性 = 태어날(生) 때부터의 깨끗한 마음(小=心). 천성(天性)을 뜻함.

마음 심	움직일 동	귀신 신	고달플 피
心	動	神	疲

마음이 동요하면 신경이 피곤해 진다

心	心 + 丶 = 心	심사(心事)	심정(心情)
動	重 + 力 = 動	동력(動力)	동요(動搖)
神	示 + 申 = 神	신경(神經)	신성(神性)
疲	疒 + 皮 = 疲	피곤(疲困)	피로(疲勞)

보충 ▶ 心 = 사람의 염통 모양을 본뜸. 변으로 쓰일 때는 「忄」, 발로 쓰일 때는 「㣺」. 부수 명칭은 입심방.

守 眞 志 滿

진리를 지키면 뜻이 충만해 지고

守	宀 + 寸 = 守	수비(守備)	수호(守護)
眞	匕 + 具 = 眞	진리(眞理)	진실(眞實)
志	士 + 心 = 志	지략(志略)	지향(志向)
滿	氵 + 㒼 = 滿	만족(滿足)	충만(充滿)

보충 ▶ 志 = 마음(心)이 가는(士=之) 곳. 곧 마음이 향하는 곳.

<table>
<tr><td>좇을 축</td><td>만물 물</td><td>뜻 의</td><td>옮길 이</td></tr>
</table>

逐 物 意 移

물욕을 좇으면 의지가 이동한다

逐	辶 + 豕 = 逐	축출(逐出)	각축(角逐)
物	牜 + 勿 = 物	물건(物件)	물욕(物慾)
意	音 + 心 = 意	의욕(意慾)	의지(意志)
移	禾 + 多 = 移	이동(移動)	이행(移行)

보충 ▶ 意 = 음성(音)으로 표현하는 마음(心)이란 뜻.

堅持雅操

바르게 지조를 굳게 지키면

堅	臤 + 土 = 堅	견고(堅固)	견실(堅實)
持	扌 + 寺 = 持	지속(持續)	지참(持參)
雅	牙 + 隹 = 雅	아량(雅量)	아담(雅淡)
操	扌 + 喿 = 操	조작(操作)	지조(志操)

보충 ▶ 堅持 = 굳게 지킴.

좋을 호	벼슬 작	스스로 자	맬 미
好	爵	自	縻

좋은 작위는 스스로 고삐처럼 잡힌다

好	女 + 子 = 好	호감(好感)	호인(好人)
爵	罒 + 肘 = 爵	작록(爵祿)	작위(爵位)
自	自 + _ = 自	자력(自力)	자립(自立)
縻	麻 + 糸 = 縻	얽어매다. 고삐	

보충 ▶ 爵祿 = 벼슬과 녹봉.

都 邑 華 夏

중국의 수도에는

都	者 + 阝 = 都	도심(都心)	도시(都市)
邑	口 + 巴 = 邑	소읍(小邑)	성읍(城邑)
華	艹 + 苹 = 華	화교(華僑)	화촉(華燭)
夏	百 + 夂 = 夏	하기(夏期)	하지(夏至)

보충 都邑 = 수도(首都)
華夏 = 중국, 중화민국과 같은 고유명사.

동녘 동	서녘 서	두 이	서울 경
東	西	二	京

동서에 2개의 서울이 있다

東	申 + 八 = 東	동방(東邦)	동풍(東風)
西	西 + 一 = 西	서구(西歐)	서양(西洋)
二	一 + 一 = 二	동쪽에는 낙양(洛陽)인 동경(東京)이, 서쪽에는 장안(長安)인 서경(西京)이 있었다.	
京	亠 + 尔 = 京		

▶ **보충** 東 = 아침 해(日)가 나무(木) 사이로 떠오름을 뜻함.

背 邙 面 洛

北망산을 배경으로 낙수를 향했고

背	⺮ + 車 = 輩	배경(背景)	배후(背後)
邙	亡 + 阝 = 邙	북망산(北邙山)	
面	一 + 囬 = 面	여기선 동사 「향하다」로 쓰임	
洛	氵 + 各 = 洛	낙수(落水)	낙양(洛陽)

보충 北邙山 = 중국 하남성 낙양 북쪽에 있으며, 귀인, 명사 등의 무덤이 많기로 유명함.

뜰 **부**	물이름 **위**	의거할 **거**	물이름 **경**
浮	渭	據	涇

위수가에 떠 있는 장안은 경수를 의지하고 있다

浮	氵 + 孚 = 浮	부교(浮橋)	부표(浮標)
渭	氵 + 胃 = 渭	위수(渭水)	
據	扌 + 豦 = 據	거점(據點)	근거(根據)
涇	氵 + 巠 = 涇	경위(涇渭)	

보충 ▶ 涇水와 渭水는 섬서성에 있으며, 경수는 탁류, 위수는 청류라 함. 뜻이 바뀌어 사물의 구별이 확실함을 비유.

<table>
<tr><td>집</td><td>궁</td><td>큰집</td><td>전</td><td>서릴</td><td>반</td><td>성할</td><td>울</td></tr>
<tr><td colspan="2">宮</td><td colspan="2">殿</td><td colspan="2">盤</td><td colspan="2">鬱</td></tr>
</table>

궁전은 울창하게 들어찼고

宮	宀 + 呂 = 宮	궁녀(宮女)	왕궁(王宮)
殿	展 + 殳 = 殿	전각(殿閣)=왕이 사는 큰집	
盤	般 + 皿 = 盤	소반「반」이나 여기선「서리다」로 씀	
鬱	棥木 + 鬯彡 = 鬱	울창(鬱蒼)	欝은 속자

▶ 보충 ▶ 宮 = 지붕(宀)과 건물이 여러 채로 된 모양(呂)으로 궁궐을 나타냄.

다락 루	볼 관	날 비	놀랄 경
樓	觀	飛	驚

누각은 높아서 새가 비행하듯 놀랍구나

樓	木 + 婁 = 樓	누각(樓閣)	망루(望樓)
觀	雚 + 見 = 觀	여기선 높은 건물을 의미	
飛	﹁ + 飛 = 飛	비행(飛行)	비호(飛虎)
驚	敬 + 馬 = 驚	경악(驚愕)	경탄(驚歎)

보충 ▶ 樓閣 = 사방을 바라볼 수 있게 높이 지은 집.

圖 寫 禽 獸

금수를 그린 그림이 있고

圖	囗 + 啚 = 圖	도면(圖面)	도안(圖案)
寫	宀 + 舄 = 寫	사실(寫實)	사진(寫眞)
禽	今 + 禸 = 禽	날짐승과 길짐승의 총칭. 조수(鳥獸), 맹수(猛獸) 등등.	
獸	嘼 + 犬 = 獸		

보충 ▶ 圖의 약자는 図.

그림 화	채색 채	신선 선	신령 령
畫	彩	仙	靈

신선들의 영혼도 채색해 그렸다

畫	聿 + 畵 = 畫	화가(畫家)	화보(畫報)
彩	采 + 彡 = 彩	채색(彩色)	수채(水彩)
仙	亻 + 山 = 仙	선녀(仙女)	신선(神仙)
靈	霝 + 쬬 = 靈	영혼(靈魂)	신령(神靈)

보충 ▶ 畫의 약자는 「画」

<table>
<tr><td>남녘 병</td><td>집 사</td><td>곁 방</td><td>열 계</td></tr>
<tr><td>丙</td><td>舍</td><td>傍</td><td>啓</td></tr>
</table>

병사의 문은 곁에 열려 있고

丙	一 + 内 = 丙	병종(丙種)	십간의 세째
舍	人 + 古 = 舍	사택(舍宅)	관사(官舍)
傍	亻 + 旁 = 傍	근방(近傍)	사방(四傍)
啓	戶攵 + 口 = 啓	계발(啓發)	계시(啓示)

보충 ▶ 丙舍 = 丙은 궁궐 안 방의 등위를 표시한 것인데, 궁중 안의 신하들이 쉬는 곳이다.

| 갑옷 갑 | 휘장 장 | 마주볼 대 | 기둥 영 |

甲 帳 對 楹

갑장의 기둥은 서로 마주보고 있다

甲	曰 + ｜ = 甲	갑주(甲冑)	갑부(甲富)
帳	巾 + 長 = 帳	장막(帳幕)	휘장(揮帳)
對	丵 + 寸 = 對	대면(對面)	대좌(對座)
楹	木 + 盈 = 楹	기둥	

보충 ▶ 甲帳 = 갑을병 순위로 지어진 제1장을 말함이며, 갑장은 신이 있는 곳에 치고, 그 다음 을장은 임금이 있는 곳에 쳤다.

肆筵設席

돗자리를 펴 좌석을 설정하고

肆	镸 + 聿 = 肆	사전(肆廛) = 가게. 점포
筵	⺮ + 延 = 筵	대를 걸어만든 자리. 깔개의 총칭
設	言 + 殳 = 設	설정(設定)	설치(設置)
席	广 + 帯 = 席	상석(上席)	좌석(坐席)

보충 ▶ 詞筵 = 문인들이 모인 자리.

| 북 | 고 | 큰거문고 | 슬 | 불 | 취 | 생황 | 생 |

鼓 瑟 吹 笙

거문고를 뜯고 생황저를 불었다

鼓	壴 + 支 = 鼓	여기선 손으로 두들긴다는 뜻
瑟	珡 + 必 = 瑟	금슬(琴瑟)
吹	口 + 欠 = 吹	취적(吹笛)＝피리를 붊
笙	竹 + 生 = 笙	생황(笙篁)＝관악기의 일종

보충 ▶ 琴瑟 = ①거문고와 큰 거문고. ②부부가 화합함을 비유.

陞 階 納 陛

층계에 올라가 들어가니

陞	阝 ＋ 坴 ＝ 陞	승급(陞級)＝등급이 오름	
階	阝 ＋ 皆 ＝ 階	계단(階段)	층계(層階)
納	糸 ＋ 內 ＝ 納	들이다	납부(納付)
陛	阝 ＋ 坒 ＝ 陛	궁전에 오르는 계단	

보충　**納陛** ＝ 임금이 이용하는 계단을 올라 궁전에 들어간다는 뜻.

<table>
<tr><td>고깔 변</td><td>구를 전</td><td>의심할 의</td><td>별 성</td></tr>
<tr><td>弁</td><td>轉</td><td>疑</td><td>星</td></tr>
</table>

관의 보석이 구르는 것이 아닌가 의심한다

弁	厶 + 廾 = 弁	관	변한(弁韓)
轉	車 + 專 = 轉	전락(轉落)	전환(轉換)
疑	𠤕 + 疋 = 疑	의심(疑心)	의혹(疑惑)
星	日 + 生 = 星	성좌(星座)	금성(金星)

보충 ▶ 轉落 = 나쁜 상태나 처지에 빠짐.

右通廣內

우측으로는 광내로 통하고

右	ナ + 口 = 右	우익(右翼)	우측(右側)
通	辶 + 甬 = 通	통과(通過)	통로(通路)
廣	广 + 黃 = 廣	광고(廣告)	광장(廣場)
內	冂 + 入 = 內	광내(廣內) = 국립도서관	

보충 右 = 오른손으로(ナ) 입(口)을 감쌈을 뜻함.
內 = 지붕 모양 「冂」과 「入」을 합해 덮개 속에 넣음을 뜻함.

왼쪽 좌	통할 달	받들 승	밝을 명
左	達	承	明

좌측으로는 승명에 도달한다

左	ナ + ェ = 左	좌익(左翼)	좌측(左側)
達	⻌ + 幸 = 達	달성(達成)	도달(到達)
承	了 + 丞 = 承	승낙(承諾)	승복(承服)
明	日 + 月 = 明	명시(明示)	명언(明言)

보충 ▶ 承明 = 휴게실.

<table>
<tr><td>이미 기</td><td>모을 집</td><td>무덤 분</td><td>책 전</td></tr>
<tr><td>旣</td><td>集</td><td>墳</td><td>典</td></tr>
</table>

이미 분전을 수집했고

旣	皀 + 旡 = 旣	기왕(旣往)	기혼(旣婚)
集	隹 + 木 = 集	집결(集結)	수집(收集)
墳	土 + 賁 = 墳	분묘(墳墓) = 무덤	
典	曲 + 八 = 典	경전(經典)	고전(古典)

보충 ▶ 墳典 = 무덤 속에서 출토된 고전인 삼황오제의 경전.

또한 역	모일 취	무리 군	빼어날 영

亦 聚 群 英

또한 많은 영재를 모았다

亦	亠 + 小 = 亦	역시(亦是)	역연(亦然)
聚	取 + 乑 = 聚	모여들다. 모으다	
群	君 + 羊 = 群	군웅할거(群雄割據)	
英	艹 + 央 = 英	영웅(英雄)	영재(英才)

보충 ▶ 群雄割據 = 많은 영웅이 각처에 자리잡고 세력을 다툼.

杜　槀　鍾　隸

두백도의 초서와 종요의 예서가 있으며

杜	木 + 土 = 杜	「杜」의 본의는 팥배나무이나 여기서는 초서를 잘 썼던 두백도(杜伯度)의 성이며 「槀」는 초서를 말하는 것이다.
槀	高 + 木 = 槀	
鍾	金 + 重 = 鍾	「鍾」은 예서(隸書)로 이름높은 종요(鍾繇)의 성이며 「隸」는 종요의 예서를 말하는 것이다.
隸	㐱 + 隶 = 隸	

보충 ▶ 초고(草槀)의 고(槀)이듯이 槀는 초서(草書)를 말한다(槀와 稿는 같은 자).

<table>
<tr><td>옷나무 칠</td><td>글 서</td><td>벽 벽</td><td>책 경</td></tr>
<tr><td>漆</td><td>書</td><td>壁</td><td>經</td></tr>
</table>

칠서로는 벽속에서 나온 경서가 있다

漆	氵 + 桼 = 漆	칠기(漆器)	칠판(漆板)
書	聿 + 曰 = 書	서책(書冊)	경서(經書)
壁	辟 + 土 = 壁	「벽경」은 공자 사후 집이 붕괴되었을 때 벽속에서 나온 『논어』『효경』 등 과두문자로 기록된 경서를 말한다.	
經	糸 + 巠 = 經		

보충 ▶ 漆書 = 필기구가 없었던 옛날 대나무 쪽에 옻으로 칠해서 쓴 글자.

府 羅 將 相

관부에는 장수와 재상이 나열해 있고

府	广 + 付 = 府	관부(官府) = 관청	
羅	罒 + 維 = 羅	나열(羅列)	나졸(羅卒)
將	爿 + 寽 = 將	장군(將軍)	장수(將帥)
相	木 + 目 = 相	상공(相公)=재상(宰相).국무총리	

보충 ▶ 相 = 나무(木) 위에서 자세히 봄(目)을 뜻함.

길 로	낄 협	회화나무 괴	벼슬 경
路	俠	槐	卿

도로에는 괴경의 저택들이 끼어 있었다

路	⻊ + 各 = 路	노면(路面)	도로(道路)
俠	亻 + 夾 = 俠	협로(俠路) = 좁은 길	
槐	木 + 鬼 = 槐	이 나무는 삼공의 지위를 뜻함	
卿	卯 + 皀 = 卿	장관 이상의 벼슬.귀족.상류계급	

보충 ▶ 俠과 夾은 서로 통용.
槐卿 = 삼공(三公)의 벼슬아치들.

戶封八縣

호구 수는 팔현에 봉하고

戶	一 + 尸 = 戶	호구(戶口)	호수(戶數)
封	圭 + 寸 = 封	봉록(俸祿)	봉하다
八	ノ + 乀 = 八	팔현(八縣) = 여덟 고을	
縣	県 + 系 = 縣	행정구역 이름	

보충 ▶ 戶 = 외짝문의 모양을 본뜸.

| 집 **가** | 넉넉할 **급** | 일천 **천** | 군사 **병** |

家給千兵

집에는 천명의 병사를 주었다

家	宀 + 豕 = 家	가구(家口)	가신(家臣)
給	糸 + 合 = 給	급료(給料)	급식(給食)
千	丿 + 十 = 千	천병(千兵)=천명의 병사	
兵	丘 + 八 = 兵	병사(兵士)	졸병(卒兵)

보충 ▶ 家 = 돼지가 새끼를 많이 낳은 데서 사람이 모여 사는 곳, 곧 집을 나타
냄. 본뜻은 돼지우리.

高 冠 陪 輦

高	古 + 口 = 高	고관(高官)	고명(高名)
冠	冖 + 冠 = 冠	관대(冠帶) = 관과 띠. 관리	
陪	阝 + 音 = 陪	배석(陪席)	배심(陪審)
輦	㚘 + 車 = 輦	연곡(輦轂) = 임금이 타는 수레	

보충 ▶ 陪席 = 윗 사람과 자리를 함께 함. 여기선 임금.

몰 구	바퀴통 곡	떨칠 진	갓끈 영
驅	轂	振	纓

수레를 몰 때마다 갓끈까지 진동한다

驅	馬 + 區 = 驅	구박(驅迫)	구보(驅步)
轂	壴 + 殳 = 轂	마차	
振	扌 + 辰 = 振	진동(振動)	진폭(振幅)
纓	糸 + 嬰 = 纓	갓끈	

보충 ▶ 驅 = 마차를 채찍질해 달리게 하다.

世 祿 侈 富

세대에 주는 봉록은 사치스럽고 부유하며

世	卄 + 乚 = 世	세대(世代)	세상(世上)
祿	礻 + 彔 = 祿	녹미(祿米)	봉록(俸祿)
侈	亻 + 多 = 侈	치심(侈心)	사치(奢侈)
富	宀 + 畐 = 富	부귀(富貴)	치부(致富)

보충 ▶ 侈 = 재물이 많다(多)고 여기어 분수를 넘는 사람(人= 亻)을 뜻함.

<table>
<tr><td>마차 차</td><td>탈것 가</td><td>살찔 비</td><td>가벼울 경</td></tr>
<tr><td>車</td><td>駕</td><td>肥</td><td>輕</td></tr>
</table>

말은 살찌고 마차는 가볍구나

車	亘 + ㅣ = 車	차량(車輛)	마차(馬車)
駕	加 + 馬 = 駕	임금의 마차	
肥	月 + 巴 = 肥	비대(肥大)	비만(肥滿)
輕	車 + 巠 = 輕	경솔(輕率)	경쾌(輕快)

보충 ▶ 車 = 외바퀴 차의 모양을 본뜸.

策功茂實

책략의 공적이 무성해지고 실효를 거두자

策	⺮ + 束 = 策	책략(策略)	책사(策士)
功	工 + 力 = 功	공신(功臣)	공적(功績)
茂	艹 + 戊 = 茂	무성(茂盛)	무사(茂士)
實	宀 + 貫 = 實	실행(實行)	실효(實效)

보충 ▶ 茂士 = 재덕이 뛰어난 선비. / 實의 약자는 実 .

새길 륵	비석 비	새길 각	새길 명
勒	碑	刻	銘

비석에 새겨 조각하고 명심한다

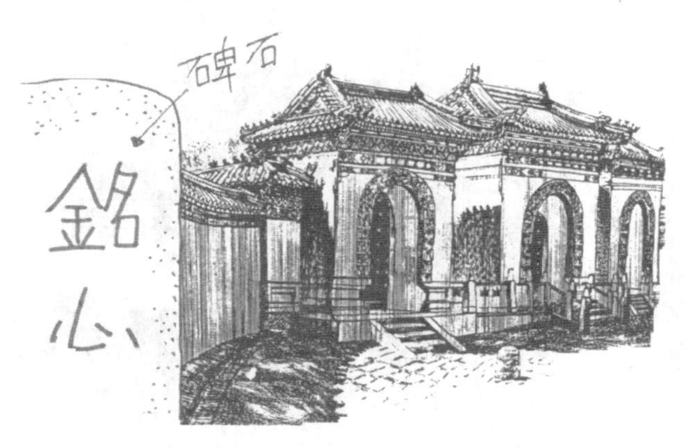

勒	革 + 力 = 勒	늑비(勒碑)=비석에 글을 새김	
碑	石 + 卑 = 碑	비석(碑石)	비문(碑文)
刻	亥 + 刂 = 刻	각인(刻印)	각본(刻本)
銘	金 + 名 = 銘	명심(銘心)	감명(感銘)

보충 ▶ 碑文 = 비석에 새긴 문자.
刻 = 돼지(亥)를 칼(刀)로 난도질한다는 데서 「새기다」의 뜻.

137

磻溪伊尹

문왕은 강태공을 얻었고 이윤은

磻	石 + 番 = 磻	반계는 강 이름이나 여기선 강태공으로 유명한 태공망이 낚시질하던 곳이라 그를 지칭한다.
溪	氵 + 奚 = 溪	
伊	亻 + 尹 = 伊	이윤은 은나라의 현명한 재상으로서 탕왕을 도와 천하를 통일케 했다.
尹	彐 + 丿 = 尹	

보충 ▶ 文王 = 주나라를 창건한 왕.

도울 좌	때 시	언덕 아	저울대 형
佐	時	阿	衡

탕왕을 적시에 보좌하고 아형이란 칭호를 얻었다

佐	亻 + 左 = 佐	보좌관(補左官)	
時	日 + 寺 = 時	시국(時局)	적시(適時)
阿	阝 + 可 = 阿	탕왕이 이윤의 도움으로 천하를 평정하자 그에게 아형이라는 존칭을 붙여 주었다.	
衡	彳 + 魚 = 衡		

보충 ▶ 阿衡 =「阿」는 의지를 뜻하고,「衡」은 평정을 뜻한다.

奄 宅 曲 阜

주공이 곡부 큰집에서 오랫동안 살았는데

奄	亠 + 电 = 奄	오랫동안	掩과 통용
宅	宀 + 乇 = 宅	가택(家宅)	자택(自宅)
曲	曰 + ‖ = 曲	공자의 고향으로 유명한 곡부는 성왕이 천하를 위해 일한 공로로 주공에게 준 땅이다.	
阜	自 + 十 = 阜		

보충 ▶ 奄 =「가린다」는 뜻이나 여기선 설문에 따라「오랫 동안」으로 씀.

작을 미	아침 단	누구 숙	경영할 영
微	旦	孰	營

주공이 아니면 누가 그곳을 경영하겠는가

微	彳 + 㣇 = 微	설문에 따라「~아니면」으로 씀	
旦	日 + 一 = 旦	주공의 이름	원단(元旦)
孰	享 + 丸 = 孰	누구.누가	熟과 통용
營	炏 + 宮 = 營	영업(營業)	경영(經營)

보충 ▶ 元旦 = 설날 아침.

桓公匡合

환공은 천하를 광합하면서

桓	木 + 亘 = 桓	환공은 제후를 규합해 맹주가 되었는데, 재위는 42년이란 실로 긴 기간이었다.	
公	八 + 厶 = 公		
匡	匚 + 王 = 匡	광정(匡正) = 바로잡음	
合	亼 + 口 = 合	합병(合倂)	합심(合心)

보충 ▶ 匡合 = 바로잡아 통합함.

142

건질 **제**	약할 **약**	도울 **부**	기울 **경**

濟弱扶傾

약자를 구제하고 기울어진 것을 도왔다

濟	氵 + 齊 = 濟	제세안민(濟世安民)	
弱	弓 + 弓 = 弱	약골(弱骨)	약자(弱者)
扶	扌 + 夫 = 扶	부양(扶養)	부조(扶助)
傾	亻 + 頃 = 傾	경국(傾國)	경사(傾斜)

보충 ▶ 濟世安民 = 세상을 구제해 백성을 편안하게 함.

綺回漢惠

기리계는 한나라의 혜제를 회복시켰고

綺	糸 + 奇 = 綺	여기선 기리계(綺里季)를 칭함	
回	囗 + 口 = 回	회복(回復)	회춘(回春)
漢	氵 + 莫 = 漢	한양(漢陽)	한자(漢字)
惠	叀 + 心 = 惠	한나라 제2대 혜제를 말함	

보충 ▶ 綺里季 = 한고조의 아들 혜제를 태자의 위치에서 지켜낸 일등공신.

기뻐할 **열**	감동할 **감**	굳셀 **무**	네째천간 **정**
說	感	武	丁

부열은 무정을 감동시켰다

說	言 + 兌 = 說	여기선 은나라 명재상 부열(傅說)
感	咸 + 心 = 感	감동(感動) 　감화(感化)
武	止 + 弋 = 武	무정은 은나라 제2대 왕으로 은나라의 중흥을 꾀하다가 꿈속에서 성인으로부터 부열을 소개받았다.
丁	一 + 亅 = 丁	

보충 ▶ **說** = 여기선 「설」이 아닌 「열」이다. 흔히 고유명사일 때는 「열(悅)」과 동음으로 읽는 것이 상식이다.

俊 乂 密 勿

俊	亻 + 夋 = 俊	천명 중에 뛰어난 사람을 「俊」,백 명 중에서 뛰어난 사람이 「乂」이니 훌륭한 사람을 이름이다.	
乂	乀 + 丿 = 乂		
密	宓 + 山 = 密	밀접(密接)	세밀(細密)
勿	勹 + 刀刀 = 勿	부정사	금지사

보충 ▶ 乂 = 풀벨 「예」일 때는 「艾」와 통함.

많을 **다**	선비 **사**	진실로 **식**	편안할 **녕**
多	士	寔	寧

다수의 명사들로 인해 참으로 안녕하다

多	夕 ＋ 歹 ＝ 多	다수(多數)	다정(多情)
士	十 ＋ 一 ＝ 士	사관(士官)	명사(名士)
寔	宀 ＋ 是 ＝ 寔	이	관형사
寧	甯 ＋ 丁 ＝ 寧	안녕(安寧)	영일(寧日)

보충 ▶ 士 = 뜻을 세우고 배운 열 사람(十) 중에서 한명(一)만이 선비(士)가 되었다는 옛일에서 유래.

晋 楚 更 覇

진나라와 초나라는 갱신으로 패자가 되었고

晋	䒑 + 日 = 晋	주대(周代) 제후국의 하나
楚	林 + 疋 = 楚	춘추전국시대의 나라
更	叓 + 乀 = 更	갱신(更新)=다시 새로워짐
覇	覀 + 朝 = 覇	패자(覇者)=최고의 승리자

보충 ▶ 환공이 죽은 다음 해에 진문공과 초장왕이 교대로 패자로 등장했다는 뜻.

조나라 조	나라이름 위	곤할 곤	연횡 횡
趙	魏	困	橫

조나라와 위나라는 연횡설 때문에 곤란했다

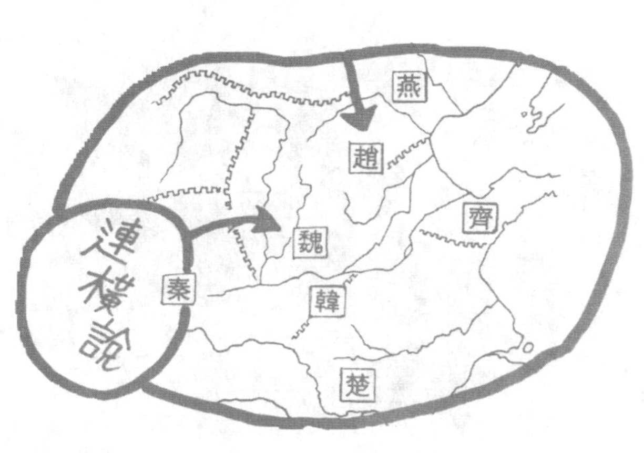

趙	走 + 肖 = 趙	춘추전국시대의 나라	
魏	委 + 鬼 = 魏	전국시대의 나라	
困	囗 + 木 = 困	곤란(困難)	곤욕(困辱)
橫	木 + 黃 = 橫	연횡설(連橫說)	

보충 ▶ 連橫說 = 전국시대에 6국(제·초·연·조·한·위)을 연합해 진나라에 복종시키려는 장의(張儀)의 정책.

假 途 滅 虢

길을 빌려 괵나라를 멸망시켰고

假	亻 + 叚 = 假	가장(假裝)	가식(假飾)
途	辶 + 余 = 途	도상(途上) = 길. 길가	
滅	氵 + 威 = 滅	멸망(滅亡)	멸종(滅種)
虢	孚 + 虎 = 虢	하남성 노세현 부근에 있던 나라	

보충▶ 진나라가 뇌물을 써 우나라의 길을 빌려 괵나라를 멸망시켰다는 고사에서 유래.

밟을 천	흙 토	모을 회	맹세 맹
踐	土	會	盟

제후들을 천토에 회합시켜 맹세하게 했다

踐	⻊ + 戔 = 踐	천토(踐土) = 지명
土	十 + ㅡ = 土	토지(土地)	토질(土質)
會	侖 + 曰 = 會	회동(會同)	회합(會合)
盟	明 + 皿 = 盟	맹세(盟誓)	맹약(盟約)

보충 土 = 선비 사(士)와 혼동하지 않도록 주의.

何 遵 約 法

소하는 약법을 준수했고

何	亻 + 可 = 何	의문사이나 여기선 소하를 칭함	
遵	辶 + 尊 = 遵	준법(遵法)	준수(遵守)
約	糸 + 勺 = 約	약속(約束)	약정(約定)
法	氵 + 去 = 法	법률(法律)	법칙(法則)

보충 ▶ 約法 = 살인자는 사형, 상해와 도둑질한 자는 벌한다는 한고조 유방의 법률3장. 이 약법을 그의 명신 소하가 준수했다는 뜻이다.

韓弊煩刑

| 한나라 **한** | 해어질 **폐** | 번거로울 **번** | 형벌 **형** |

한비는 번잡한 형벌로 폐해가 많았다

韓	車 + 韋 = 韓	그 유명한 한비(韓非)를 칭한다	
弊	㡀 + 廾 = 弊	폐습(弊習)	폐해(弊害)
煩	火 + 頁 = 煩	번민(煩悶)	번잡(煩雜)
刑	开 + 刂 = 刑	형벌(刑罰)	형법(刑法)

보충 煩 = 머리(頁)가 더워져서(火) 아프다는 데서 번거로움을 뜻함.
韓非 = 전국 말기 한나라의 법철학자로 유명함.

起 翦 頗 牧

백기와 왕전, 염파와 이목은

起	走 + 己 = 起	백기(白旗)=진나라 장수
翦	前 + 羽 = 翦	왕전(王翦)=진나라 장수
頗	皮 + 頁 = 頗	염파(廉頗)=진나라 장수
牧	牛 + 攵 = 牧	이목(李牧)=진나라 장수

보충 ▶ 이 장의 字는 모두 이름으로 쓰였다.

154

쓸 용	군사 군	가장 최	날카로울 정
用	軍	最	精

군인으로서 용병이 최고로 정밀했다

用	月 + ㅣ = 用	용건(用件)	용병(用兵)
軍	冖 + 車 = 軍	군기(軍紀)	군인(軍人)
最	曰 + 取 = 最	최고(最高)	최상(最上)
精	米 + 靑 = 精	정교(精巧)	정밀(精密)

보충 用軍 = 用兵과 같음.

宣 威 沙 漠

위엄을 사막에까지 선포했으며

宣	宀 + 亘 = 宣	선언(宣言)	선포(宣布)
威	戌 + 女 = 威	위력(威力)	위엄(威嚴)
沙	氵 + 少 = 沙	사금(沙金)	사발(沙鉢)
漠	氵 + 漠 = 漠	막막(漠漠)	막연(漠然)

▶ 보충 ▶ 沙 = 물(氵)이 적으면(少) 모래가 드러난다는 뜻.

명예가 전해져 단청으로 그려졌다

馳	馬 ＋ 也 ＝ 馳	질주하다. 전해지다	
譽	與 ＋ 言 ＝ 譽	명예(名譽)	영예(榮譽)
丹	丹 ＋ 丶 ＝ 丹	단장(丹粧)	주단(朱丹)
靑	龶 ＋ 円 ＝ 靑	청년(靑年)	청춘(靑春)

보충▶ 丹靑 = 채색이라는 뜻으로도 쓰임.

九 州 禹 跡

구주는 우임금의 발자취이며

九	ノ + 乀 = 九	중국 전체의 땅을 하나라 우임금이 홍수를 다스리기 위해 구주로 나누었다는 데서 유래됐다.
州	丷 + 州 = 州	
禹	禹 + ㇀ = 禹	전설적인 제왕 우임금을 칭함
跡	𧾷 + 亦 = 跡	인적(人跡)	행적(行跡)

보충 ▶ 九 = 많은 수의 뜻으로 쓰임.

| 일백 **백** | 고을 **군** | 진나라 **진** | 아우를 **병** |

百 郡 秦 幷

백군을 진나라가 합병했다

百	一 + 白 = 百	진시황이 천하를 통일하면서 흡수한 백 삼군의 행정구획.
郡	君 + 阝 = 郡	
秦	夫 + 禾 = 秦	진시황(秦始皇)
幷	孑 + 仟 = 幷	병탄(倂呑)	합병(合幷)

보충 ▶ 百 = 모든, 또는 다수의 뜻으로 쓰임.

嶽	山 + 獄 = 嶽	산악(山嶽)	오악(五嶽)
宗	宀 + 示 = 宗	종주(宗主) = 으뜸.근본	
恒	忄 + 亘 = 恒	항산(恒山) = 산이름	
岱	代 + 山 = 岱	대산(岱山) = 태산을 지칭	

보충 ▶ 宗 = 신(示)을 모신 집(宀)이라는 뜻에서 종묘(宗廟) 사당을 나타냄.

봉선 선	주인 주	이를 운	정자 정
禪	主	云	亭

봉선은 운산과 정산을 주요하게 여겼다

禪	礻 + 單 = 禪	선사(禪師)	좌선(坐禪)
主	' + 王 = 主	주요(主要)	주인(主人)
云	一 + 厶 = 云	이를 「운」이나 여기선 산을 가리킴	
亭	亠 + 丁 = 亭	정자를 뜻하나 여기선 「산」을 가리킴	

보충 ▶ **封禪** = 옛날 중국의 천자가 하늘과 산천에 제사를 지내는 의식.

<table>
<tr><td>기러기 안</td><td>문 문</td><td>자주빛 자</td><td>변방 새</td></tr>
<tr><td>鴈</td><td>門</td><td>紫</td><td>塞</td></tr>
</table>

안문관에는 자새(만리장성)가 있고

鴈	厂 + 雁 = 鴈	안서(鴈書)	여기선 산서성 서북방에 위치한 관명이다.
門	月 + 月 = 門	문패(門牌)	
紫	此 + 糸 = 紫	자색(紫色)	만리장성의 흙빛이 자색이므로 자새라 했음.
塞	実 + 土 = 塞	요새(要塞)	

보충 ▶ 門 = 두 문짝을 닫아 놓은 모양을 본뜸.

닭 계	밭 전	붉을 적	재 성
鷄	田	赤	城

계전과 적성도 있다

鷄	奚 ＋ 鳥 ＝ 鷄	양계(養鷄)	계전주 회락현 경계에 있는 땅 이름.
田	口 ＋ ＋ ＝ 田	전답(田畓)	
赤	土 ＋ 小 ＝ 赤	적색(赤色)	이 역시 지명이다.
城	土 ＋ 成 ＝ 城	성주(城主)	

보충 ▶ 赤(붉음)이 거듭하면 빛날 「혁(赫)」이다.

昆 池 碣 石

곤지와 갈석이 있고

昆	日 + 比 = 昆	곤충(昆蟲)	곤지는 곤명지의 약칭. 장안 서쪽에 있는 못 이름.
池	氵 + 也 = 池	천지(天地)	
碣	石 + 曷 = 碣	우뚝솟은 돌	산 이름.
石	厂 + 口 = 石	석공(石工)	

보충 ▶ 池 = 띠 모양으로 길게 뻗은 도랑이나 유수지.

클	거	들	야	골	동	뜰	정

鉅 野 洞 庭

거야와 동정호가 있다

鉅	金 + 巨 = 鉅	거만(鉅萬)	산동성 거현 북방에 위치한 택야.
野	里 + 予 = 野	야산(野山)	
洞	氵 + 同 = 洞	동굴(洞窟)	호남성 경계에 위치한 중국 제일의 동정호.
庭	广 + 廷 = 庭	정원(庭園)	

보충 ▶ 洞 = 악기 이름이나 「통하다」 따위로 쓸 때는 「통」으로 읽음.

曠 遠 緜 邈

광야는 넓고 멀며 길게 뻗어 아득히 보이며

曠	日 + 廣 = 曠	광야(曠野)	밝다. 환함
遠	辶 + 袁 = 遠	원대(遠大)	원정(遠征)
緜	帛 + 系 = 緜	면면(緜緜)=아득한 모양	
邈	辶 + 貌 = 邈	멀다. 아득함	

보충 ▶ 緜 = 綿과 같은 자.

바위 **암**	산굴 **수**	어두울 **묘**	어두울 **명**
巖	**岫**	**杳**	**冥**

암석 산 구멍은 어둡고 그윽하구나

巖	屵 ＋ 嚴 ＝ 巖	암벽(岩壁)	암석(岩石)
岫	山 ＋ 由 ＝ 岫	산굴	
杳	木 ＋ 日 ＝ 杳	묘연(杳然)	어둡다
冥	冖 ＋ 六 ＝ 冥	명복(冥福)	～그윽하구나

［보충］ 巖 ＝ 속자 「岩」. 「巗」은 같은 자.
杳 ＝ 해(日)가 나무(木) 아래로 저무는 것을 나타내 「어둡다」의 뜻이 됨.

治 本 於 農

농사로서 나라 다스리는 근본으로 삼고

治	氵 + 台 = 治	치료(治療)	치안(治安)
本	木 + 一 = 本	본능(本能)	근본(根本)
於	方 + 仒 = 於	～로서	전치사
農	曲 + 辰 = 農	농부(農夫)	농사(農事)

보충 ▶ 本 = 나무(木)의 아랫 부분에 「一」을 그어 「밑」을 가리킴.

힘쓸 무	이 자	심을 가	거둘 색
務	玆	稼	穡

곡물을 심고 거두는 이 임무에 힘써야 한다

務	矛 + 务 = 務	본무(本務)	임무(任務)
玆	玄 + 玄 = 玆	이	발어사
稼	禾 + 家 = 稼	심다. 농사	곡식을 심고 거둠.
穡	禾 + 嗇 = 穡	수확. 거두다	

보충 ▶ 玆 = 가까운 사물을 가리킴.

169

<table>
<tr><td>비로소 숙</td><td>실을 재</td><td>남녘 남</td><td>밭이랑 요</td></tr>
<tr><td>俶</td><td>載</td><td>南</td><td>畝</td></tr>
</table>

남쪽 밭두둑에서는 비로소 일을 시작하고

俶	亻 + 叔 = 俶	비롯하다. 처음	
載	車 + 戈 = 載	적재(積載)	일을 하다
南	十 + 冂 = 南	남하(南下)	남향(南向)
畝	亩 + 久 = 畝	논밭 두둑	

보충 ▶ 畝 = 이랑의 도랑은 「畎」, 두둑은 「畝」.

나	아	심을	예	기장	서	기장	직

我 藝 黍 稷

나는 서직(기장)을 심으리라

我	手 + 戈 = 我	아집(我執)	자아(自我)
藝	埶 + ⼢ = 藝	예술(藝術)	심다. 씨를뿌림
黍	禾 + 氺 = 黍	기장	
稷	禾 + 畟 = 稷		

보충 ▶ 기장 = 오곡의 한가지.

稅 熟 貢 新

익은 곡식은 세금으로 신곡은 공물로 헌상하며

稅	禾 + 兌 = 稅	세금(稅金)	세무(稅務)
熟	孰 + 灬 = 熟	숙달(熟達)	숙성(熟成)
貢	工 + 貝 = 貢	공물(貢物)	공헌(貢獻)
新	亲 + 斤 = 新	신곡(新穀)＝새로운 곡식	

보충 ▶ 稅 = 기뻐할 「열」, 검은 상복 「수」 등으로도 쓰인다.

<table>
<tr><td>권할 권</td><td>상줄 상</td><td>떨어뜨릴 출</td><td>오를 척</td></tr>
<tr><td>勸</td><td>賞</td><td>黜</td><td>陟</td></tr>
</table>

출척에 따라 권장하고 상을 준다

勸	雚 + 力 = 勸	권고(勸告)	권장(勸奬)
賞	尙 + 貝 = 賞	상장(賞狀)	상패(賞牌)
黜	黑 + 出 = 黜	내치고 올린다는 뜻으로, 인재를 등용하고 무능한 자를 축출한다는 의미이다.	
陟	阝 + 步 = 陟		

보충 ▶ 정당에서 제명하는 것은 「出黨」이 아니라 「黜黨」이다.

孟 軻 敦 素

맹자는 돈소설을 제창했으며

孟	子 + 皿 = 孟	맹모삼천(孟母三遷)으로 유명한 맹자를 가리킴. 「孟」은 성, 「軻」는 이름.	
軻	車 + 可 = 軻		
敦	享 + 攵 = 敦	돈독(敦篤)	돈소(敦素)
素	圭 + 糸 = 素	소성(素性)	

보충 ▶ 敦素說 = 하늘에서 받은 소성을 온전히 하려고 자기의 마음을 도탑게 기르는 것. 맹자가 이것을 설명했다.

<table>
<tr><td>사기 사</td><td>고기 어</td><td>잡을 병</td><td>곧을 직</td></tr>
<tr><td>史</td><td>魚</td><td>秉</td><td>直</td></tr>
</table>

사어는 정직함을 지켰다

史	口 + 乂 = 史	사기(史記)	춘추시대 위나라 사람으로, 정직한 것으로 유명.
魚	龟 + 灬 = 魚	어물(魚物)	
秉	手 + 人 = 秉	잡다. 마음으로 지키다	
直	直 + ㄴ = 直	직행(直行)	정직(正直)

보충 直 = 열(十)과 눈(目). 곧 많은 사람들이 보므로 숨긴 것까지도 모두 똑바로 본다는 뜻이다.

庶幾中庸

중용의 모든 것을 바란다면

庶	庐 + 灬 = 庶	서민(庶民)	서자(庶子)
幾	幾 + 、 = 幾	기하급수(幾何級數)	
中	口 + ｜ = 中	중간(中間)	어느 쪽으로든 치우침이 없는 것.
庸	庚 + 用 = 庸	보통	

보충 ▶ 幾何級數 = 어느 항과 그 다음 항과의 비율이 일정한 급수.

수고할 로	겸손할 겸	삼갈 근	삼갈 칙
勞	謙	謹	勅

힘써 일하고 겸손하고 근신하며 삼가해야 한다

勞	炏 + 力 = 勞	노고(勞苦)	노동(勞動)
謙	言 + 兼 = 謙	겸손(謙遜)	겸허(謙虛)
謹	言 + 堇 = 謹	근신(謹愼)	근하(謹賀)
勅	束 + 力 = 勅	칙명(勅命)	칙서(勅書)

보충 ▶ 謹勅 = 삼가 근신하다.

聆 音 察 理

남의 말을 듣고 이치를 살피며

聆	耳 + 令 = 聆	귀 기울여 들음. 깨닫다	
音	ㅍ + ㅂ = 音	음성(音聲)	복음(福音)
察	宀 + 祭 = 察	감찰(監察)	명찰(明察)
理	王 + 里 = 理	이념(理念)	이치(理致)

보충 ▶ 音 = 음악의 소리를 말하나 여기에선 사람의 말로 인용됐다.

거울 감	모양 모	분별할 변	빛 색
鑑	貌	辨	色

용모를 거울에 비쳐보고 안색을 분별해야 한다

鑑	金 + 監 = 鑑	감별(鑑別)	감정(鑑定)
貌	豸 + 皃 = 貌	외모(外貌)	용모(容貌)
辨	辡 + 刂 = 辨	변명(辯明)	강변(强辯)
色	𠂊 + 巴 = 色	색채(色彩)	안색(顔色)

보충 ▶ 察色 = 얼굴 빛을 살펴봄.

179

貽 厥 嘉 猷

아름다운 것을 꾀해 그것을 남기고

貽	貝 + 台 = 貽	끼치다. 남기다. 주다
厥	厂 + 欮 = 厥	그. 그것
嘉	壴 + 加 = 嘉	가경(嘉慶) = 경사
猷	酋 + 犬 = 猷	꾀하다

보충 ▶ 嘉慶節 = 대종교의 기념일. 음력 8월 15일.

힘쓸 **면**	그 **기**	공경할 **지**	심을 **식**

勉 其 祗 植

그 공경함을 심기에 힘써야 한다

勉	免 + 力 = 勉	면학(勉學)	권면(勸勉)
其	甘 + 八 = 其	사람이나 사물을 지시하는 대명사	
祗	示 + 氐 = 祗	공경하다. 존경하다	
植	木 + 直 = 植	식목(植木)	식민(植民)

보충 ▶ 植 = 나무(木)를 곧게(直) 세워 심는다는 데서 「심다」의 뜻.

省 躬 譏 誡

자기 몸을 살피고 남의 비방을 경계하며

省	少 + 目 = 省	반성(反省)	성찰(省察)
躬	身 + 弓 = 躬	궁행(躬行) = 몸소 행함	
譏	言 + 幾 = 譏	나무라다. 헐뜯음	
誡	言 + 戒 = 誡	훈계(訓戒)	

보충 ▶ 省 = 덜 「생」으로도 쓰임. 생략(省略) 등이 그것이다.

사랑할 총	불어날 증	막을 항	다할 극
寵	增	抗	極

총애가 증가하면 항거심이 극치를 이룬다

寵	宀 ＋ 龍 ＝ 寵	총아(寵兒)	총애(寵愛)
增	土 ＋ 曾 ＝ 增	증가(增加)	증식(增殖)
抗	扌 ＋ 亢 ＝ 抗	항거(抗拒)	항의(抗議)
極	木 ＋ 亟 ＝ 極	극악(極惡)	극치(極致)

보충 ▶ 寵 = 집(宀) 안에서 용(龍)처럼 사는 귀인을 임금이 사랑한다는 뜻.

殆 辱 近 恥

위태함과 치욕이 근처에 있으면 수치이니

殆	歹 + 台 = 殆	태반(殆半)	위태(危殆)
辱	辰 + 寸 = 辱	욕설(辱說)	치욕(恥辱)
近	辶 + 斤 = 近	근래(近來)	근처(近處)
恥	耳 + 心 = 恥	치부(恥部)	수치(羞恥)

보충 ▶ 恥部 = 부끄러운 부분. 음부.

<table>
<tr><td>수풀 림</td><td>늪 고</td><td>바랄 행</td><td>곤 즉</td></tr>
<tr><td>林</td><td>皐</td><td>幸</td><td>卽</td></tr>
</table>

늪이 있는 숲으로 즉시 가는 것이 행운이다

林	朩 + 木 = 林	임야(林野)	산림(山林)
皐	白 + 圭 = 皐	못. 늪. 물가	
幸	士 + 㞷 = 幸	행복(幸福)	행운(幸運)
卽	皀 + 卩 = 卽	즉각(卽刻)	즉시(卽時)

보충 ▶ 卽 = 「即」자는 속자.

兩 疏 見 機

양 소씨는 기회를 보아

兩	帀 + ㅆ = 兩	양가(兩家)	양단(兩端)
疏	疋 + 㐬 = 疏	소통(疏通)	상소(上疏)
見	目 + 儿 = 見	견학(見學)	견해(見解)
機	木 + 幾 = 機	기미(機微)	기회(機會)

▶ 보충 ▶ **兩疏** = 한나라 성제 때 청렴결백한 현자인 소광(疏廣)과 소수(疏受)를 말함.

풀 해	끈 조	누구 수	핍박할 핍
解	組	誰	逼

조를 풀어놓고 갔다고 누가 핍박하겠는가

解	角 + 쯤 = 解	해소(解消)	해탈(解脫)
組	糸 + 且 = 組	조합(組合)	조직(組織)
誰	言 + 隹 = 誰	누가~ 묻다, 물어봄	
逼	辶 + 畐 = 逼	핍박(逼迫)=다그침	

보충 ▶ 組 = 벼슬이 새겨진 도장을 포장해 묶은 인끈을 말함. 그런즉 「解組」란 벼슬을 관청에 돌려준다는 뜻, 곧 사직을 말한다.

索居閑處

한적한 곳을 찾아 거주하니

索	宀 + 糸 = 索	색인(索引)	색출(索出)
居	尸 + 古 = 居	거주(居住)	거처(居處)
閑	門 + 木 = 閑	한가(閑暇)	한적(閑適)
處	虍 + 処 = 處	처소(處所)	처신(處身)

보충 索 = 「삭」으로도 쓰임. 삭막(索莫)이 그것이다.

<table>
<tr><td>가라앉을 침</td><td>잠잠할 묵</td><td>고요할 적</td><td>쓸쓸할 료</td></tr>
<tr><td>沈</td><td>默</td><td>寂</td><td>廖</td></tr>
</table>

침묵스럽고 적조하구나

沈	氵 + 冘 = 沈	침몰(沈沒)	침수(沈水)
默	黑 + 犬 = 默	묵념(默念)	묵례(默禮)
寂	宀 + 叔 = 寂	적막(寂寞)	적적(寂寂)
寥	宀 + 翏 = 寥	쓸쓸하다. 텅비다	

보충 寂寥 = 고요하고 쓸쓸함.

求 古 尋 論

옛것을 구해 심문하고 의논하며

求	十 + 氺 = 求	구걸(求乞)	구애(求愛)
古	十 + 口 = 古	고금(古今)	고인(古人)
尋	크 + 寸 = 尋	심문(尋問)	심방(尋訪)
論	言 + 侖 = 論	논설(論說)	논의(論議)

보충 ▶ 尋問 = 물어봄. / 審問 = 자세히 따져서 물어봄.

헤어질 산	생각할 려	거닐 소	거닐 요

散 慮 逍 遙

염려를 분산하고 소요한다

散	甘 + 攵 = 散	산만(散漫)	분산(分散)
慮	虍 + 慮 = 慮	사려(思慮)	염려(念慮)
逍	辶 + 肖 = 逍	소풍(逍風) = 산책	
遙	辶 + 䍃 = 遙	요원(遙遠) = 아득히 멂	

보충 ▶ 逍遙 = 기분 내키는 대로 이리저리 거닒. 자적해 즐김.

191

欣 奏 累 遣

기쁨이 주효하고 누적된 것이 사라지니

欣	斤 + 欠 = 欣	흔쾌(欣快)=기쁘고 상쾌함
奏	夫 + 天 = 奏	주청(奏請) 주효(奏效)
累	田 + 糸 = 累	누적(累積) 누차(累次)
遣	辶 + 𠃓 = 遣	보내다. 사라지다

보충 奏效 = 효과를 얻음.

근심할 척	물러갈 사	기뻐할 환	부를 초
慼	謝	歡	招

근심은 사절하고 환희만 초래된다

慼	戚 + 心 = 慼	근심하다. 슬퍼하다	
謝	言 + 射 = 謝	사과(謝過)	사절(謝絶)
歡	雚 + 欠 = 歡	환영(歡迎)	환희(歡喜)
招	扌 + 召 = 招	초래(招來)	초빙(招聘)

보충 ▶ **招聘** = 예를 갖추어 남을 모셔들임.

渠荷的歷

도랑에 핀 연꽃은 선명하고

渠	洰 + 木 = 渠	거언(渠偃)=도랑과 둑	
荷	艹 + 何 = 荷	연꽃.「蓮」과 같은 자	
的	白 + 勺 = 的	적중(的中)	명사 등등에 붙임
歷	厤 + 止 = 歷	역사(歷史)	밝다

보충 ▶ 的歷 = 또렷또렷하고 분명함.

동산 원	풀 망	뺄 추	가지 조
園	莽	抽	條

동산의 풀들은 가지를 싹트고 있다

園	□ + 袁 = 園	공원(公園)	학원(學園)
莽	⺿ + 犬 = 莽	풀이 우거지다	
抽	扌 + 由 = 抽	추첨(抽籤)	추출(抽出)
條	條 + 條 = 條	조건(條件)	조약(條約)

▶ 보충 ▶ 莽莽 = 풀이 우거진 모양.

枇杷晩翠

비파나무는 늦게까지 푸르고

枇	木 + 比 = 枇	악기 이름	
杷	木 + 巴 = 杷		
晩	日 + 免 = 晩	만년(晩年)	만추(晩秋)
翠	羽 + 卒 = 翠	비취색(翡翠色)	

보충 ▶ 翡翠色 = 비취옥의 색같은 짙은 녹색.

196

벽오동나무 **오**	벽오동나무 **동**	일찍 **조**	시들 **조**

梧 桐 早 凋

오동나무는 조기에 시든다

梧	木 + 吾 = 梧	오월(梧月)=음력 7월
桐	木 + 同 = 桐	동군(桐君)=거문고의 애칭
早	日 + 十 = 早	조기(早起)　　조숙(早熟)
凋	冫 + 周 = 凋	조락(凋落)=시들어 떨어짐

보충 早 = 태양(日)이 사람의 머리(十:甲의 약체) 위에 있음을 뜻함.

陣根委翳

진부한 뿌리는 버려져 말라죽고

陣	阝 + 車 = 陣	진부(陳腐)=오래되어 썩음
根	朩 + 艮 = 根	근성(根性)	근원(根源)
委	禾 + 女 = 委	위임(委任)	위탁(委託)
翳	医殳 + 羽 = 翳	무드러지다

보충 ▶ 根 = 나무(木)의 끝부분(艮), 곧 뿌리를 뜻하는 자. 사물의 밑부분인 근본을 나타냄.

떨어질 **락**	입 **엽**	나부낄 **표**	흔들릴 **요**

落 葉 飄 颻

낙엽은 바람에 나부낀다

落	艹 + 洛 = 落	낙서(落書)	낙장(落張)
葉	艹 + 枼 = 葉	엽서(葉書)	엽차(葉茶)
飄	票 + 風 = 飄	표표(飄飄)=나부끼는 모양	
颻	䍃 + 風 = 颻	흔들리는 바람	

보충 ▶ 落張 = 책에서 책장이 빠지는 일, 또는 그 책장.

<table>
<tr><td>놀 유</td><td>곤계 곤</td><td>홀로 독</td><td>돌 운</td></tr>
<tr><td>遊</td><td>鵾</td><td>獨</td><td>運</td></tr>
</table>

유희하는 곤새는 홀로 운행하고

遊	辶 + 斿 = 遊	유흥(遊興)	유희(遊戲)
鵾	昆 + 鳥 = 鵾	두루미 비슷한 황백색의 새	
獨	犭 + 蜀 = 獨	독단(獨斷)	독신(獨身)
運	辶 + 軍 = 運	운명(運命)	운행(運行)

보충 ▶ 遊戲 = 즐겁게 놂, 또는 노는 일.

| 업신여길 **릉** | 갈 **마** | 진홍 **강** | 하늘 **소** |

凌 摩 絳 霄

붉은 하늘을 능멸하듯 날은다

凌	氵 + 夌 = 凌	능멸(凌蔑)	능욕(凌辱)
摩	麻 + 手 = 摩	마찰(摩擦)	마멸(摩滅)
絳	糹 + 夅 = 絳	진홍색	
霄	雨 + 肖 = 霄	하늘.「霄」와 같은 자	

보충 ▶ 凌摩 = 업신여긴다는 뜻.

耽 讀 翫 市

책을 탐독하고 시내 서점에 가서 되풀이 즐기며

耽	耳 + 尤 = 耽	탐닉(耽溺)	탐미(耽美)
讀	言 + 賣 = 讀	독서(讀書)	독자(讀者)
翫	習 + 元 = 翫	가지고 놀다. 되풀이 즐김	
市	亠 + 巾 = 市	시내(市內)	시장(市場)

보충 ▶ 耽溺 = 어떤 일을 지나치게 즐겨 거기에 빠짐.

머무를 우	눈 목	주머니 낭	상자 상
寓	目	囊	箱

머물러 보며 글을 상자나 주머니에 넣었다

寓	宀 + 禹 = 寓	우화(寓話)	머무르다
目	口 + = = 目	목독(目讀)	목표(目標)
囊	㲋 + 表 = 囊	낭중(囊中) = 주머니속	
箱	竹 + 相 = 箱	상자(箱子)	

보충 ▶ 目 = 사람의 눈 모양을 본뜸. 처음에는 가로로 누운 자였음.

<table>
<tr><td>쉬울 이</td><td>가벼울 유</td><td>바 유</td><td>두려울 외</td></tr>
<tr><td>易</td><td>輶</td><td>攸</td><td>畏</td></tr>
</table>

쉽고 가벼운 바를 두려워 하고

易	日 + 勿 = 易	용이(容易)=어렵지 않음
輶	車 + 酋 = 輶	가볍다
攸	亻 + 夊 = 攸	~바. 방법 등 불완전 명사
畏	田 + 氏 = 畏	외구(畏懼)=두려워 함

보충 ▶ 易 = 바꿀 「역」으로도 쓰임. 『易經』이 그것이다.

| 무리 | 속 | 귀 | 이 | 담 | 원 | 담 | 장 |

屬 耳 垣 墙

남의 귀가 담장에 속해 있다고 여겨라

屬	屙 + 蜀 = 屬	속국(屬國)	속성(屬性)
耳	귀를 본뜸	이목구비(耳目口鼻)	
垣	土 + 亘 = 垣	담 장	
墙	土 + 啬 = 墙		

보충 耳目口鼻 = 귀, 눈, 입, 코. / 墙 = 牆과 같은 자.

具 膳 殮 飯

구색을 갖춘 반찬과 밥을 먹으니

具	且 + 八 = 具	구비(具備)	구색(具色)
膳	月 + 善 = 膳	선수(膳羞)=음식. 반찬	
殮	歹 + 食 = 殮	저녁밥. 밥. 간식	
飯	飠 + 反 = 飯	반점(飯店)=음식점	

보충 ▶ 膳物 = 선사함. 「善物」이 아님.

맞을 적	입 구	찰 충	창자 장
適	口	充	腸

구미에 적합해 위장이 충만하다

適	辶 + 商 = 適	적당(適當)	적합(適合)
口	입 모양을 본뜸	구미(口味)	구설수(口舌數)
充	亠 + 儿 = 充	충족(充足)	충만(充滿)
腸	月 + 昜 = 腸	심장(心腸)	위장(胃腸)

보충 ▶ 適 = 갈 「적」, 원수 「적」, 다만 「적」으로도 쓰인다.

飽飫烹宰

실컷 포식하면 맛있게 삶은 요리도 싫고

飽	食 + 包 = 飽	포만(飽滿)	포식(飽食)
飫	食 + 夭 = 飫	포식하다	
烹	亨 + 灬 = 烹	팽란(烹卵)=달걀을 삶다	
宰	宀 + 辛 = 宰	재상(宰相)	

보충 ▶ 宰 = 벼슬아치로 흔히 쓰이나 여기선 여러가지 음식을 갖추는 것을 말한다. 즉 「烹宰」는 좋은 요리라는 뜻이다.

주릴 **기**	싫어할 **염**	지게미 **조**	겨 **강**
饑	厭	糟	糠

기아에 허덕이면 조강도 싫은 줄 모른다

饑	飠 + 幾 = 饑	기갈(飢渴)	기아(饑餓)
厭	厂 + 猒 = 厭	염세(厭世)	염증(厭症)
糟	米 + 曹 = 糟	조강지처(糟糠之妻)	
糠	米 + 康 = 糠	쌀겨	

보충 糟糠之妻 = 가난할 때 고생을 함께 해 온 아내.
糟 = 술을 걸르고 남은 찌꺼기(술지게미).

親 戚 故 舊

친척과 옛 친구

親	亲 + 見 = 親	친구(親舊)	친분(親分)
戚	戊 + 尗 = 戚	내척(內戚)	외척(外戚)
故	古 + 攵 = 故	고인(故人)	고향(故鄕)
舊	萑 + 臼 = 舊	구면(舊面)	구식(舊式)

보충 舊의 약자는 「旧」.

늙을 로	젊을 소	다를 이	양식 량
老	少	異	糧

노인과 소년의 양식은 달리해야 한다

老	耂 + ヒ = 老	노인(老人)	노파(老婆)
少	小 + ノ = 少	소년(少年)	소장(少壯)
異	田 + 共 = 異	이견(異見)	이질(異質)
糧	米 + 量 = 糧	양곡(糧穀)	양식(糧食)

▶ **보충** ▶ 少壯 = 젊고 혈기가 왕성한 20~30대의 젊은이.

<table>
<tr><td>첩 첩</td><td>모실 어</td><td>길쌈 적</td><td>길쌈 방</td></tr>
<tr><td>妾</td><td>御</td><td>績</td><td>紡</td></tr>
</table>

아내는 남편을 모시고 길쌈을 하고

妾	立 + 女 = 妾	애첩(愛妾)=여자의 겸칭
御	彳 + 卸 = 御	어명(御命)=임금의 명령
績	糸 + 責 = 績	공적(功績)	성적(成績)
紡	糸 + 方 = 紡	방직(紡織)	방적(紡績)

보충 ▶ 紡績 = 길쌈.
　　　妾 = 아내를 말하기도 한다.

모실 시	형겊 건	휘장 유	집 방
侍	**巾**	**帷**	**房**

휘장을 친 방에선 수건을 들고 모신다

侍	亻 + 寺 = 侍	시녀(侍女)	시종(侍從)
巾	冂 + 丨 = 巾	두건(頭巾)	수건(手巾)
帷	巾 + 隹 = 帷	유막(帷幕)=휘장과 천막	
房	尸 + 方 = 房	다방(茶房)	신방(新房)

보충 ▶ 巾 = 「冂」은 한 폭의 천, 「丨」은 그 천을 띠에 채서 드리운 모양.

<table>
<tr><td>흰깁 환</td><td>부채 선</td><td>둥글 원</td><td>깨끗할 결</td></tr>
<tr><td>紈</td><td>扇</td><td>圓</td><td>潔</td></tr>
</table>

흰 비단으로 만든 부채가 둥글고 깨끗하며

紈	糸 + 丸 = 紈	고운 명주
扇	戶 + 羽 = 扇	태극선(太極扇)
圓	口 + 員 = 圓	원탁(圓卓) · 원활(圓滑)
潔	氵 + 絜 = 潔	결백(潔白) · 정결(貞潔)

보충 ▶ 圓 = 약자는 「円」.

<table>
<tr><td>은</td><td>은</td><td>촛불</td><td>촉</td><td>빛날</td><td>휘</td><td>빛날</td><td>황</td></tr>
</table>

銀燭煒煌

은빛 촛불이 휘황찬란하게 비친다

銀	金 ＋ 艮 ＝ 銀	은박(銀箔)	은화(銀貨)
燭	火 ＋ 蜀 ＝ 燭	촉광(燭光)	은촉(銀燭)
煒	火 ＋ 韋 ＝ 煒	매우 밝은 모양	
煌	火 ＋ 皇 ＝ 煌	빛나는 모양	

보충 ▸ 煒煌燦爛 = 광채가 눈부시게 빛남.

晝 眠 夕 寐

낮에는 낮잠을 저녁에는 긴잠을 자는

晝	聿 + 旦 = 晝	주간(晝間)	주야(晝夜)
眠	目 + 民 = 眠	동면(冬眠)	수면(睡眠)
夕	勹 + 丶 = 夕	석간(夕刊)	석양(夕陽)
寐	宀 + 㝒 = 寐	자다	매어(寐語)

보충 夕 = 「月」에서 한 획을 뺀 것. 달이 뜨기 시작할 무렵을 나타냄.
寐語 = 잠꼬대.

쪽 람	댓순 순	코끼리 상	평상 상
藍	筍	象	牀

푸른 대자리와 상아로 만든 침상이 있다

藍	艹 + 監 = 藍	남색(藍色)	남루(藍縷)
筍	⺮ + 旬 = 筍	죽순(竹筍)	
象	𱨧 + 豕 = 象	상아(象牙)	상징(象徵)
牀	爿 + 木 = 牀	침상(寢牀)	

보충 ▶ 象 = 코끼리의 귀와 어금니, 발, 꼬리를 본뜸.
床 = 牀의 속자.

217

현악기에 맞춰 노래하고 주연장에서는

絃	糸 + 玄 = 絃	현악(絃樂)	속현(續絃)
歌	哥 + 欠 = 歌	가수(歌手)	가요(歌謠)
酒	氵 + 酉 = 酒	주연(酒宴)=술잔치	
讌	言 + 燕 = 讌	연회(讌會)=宴會와 같음.	

보충 ▶ 續絃 = 끊어진 가야금 줄을 다시 잇는다는 뜻으로, 아내를 여읜 뒤 다시 새 아내를 맞는 일.

접붙일 접	잔 배	들 거	잔 상
接	杯	擧	觴

술잔을 주고 받고 술잔을 들기도 한다

接	扌 + 妾 = 接	접대(接待)	접착(接着)
杯	木 + 不 = 杯	건배(乾杯)	
擧	與 + 手 = 擧	거동(擧動)	거행(擧行)
觴	角 + 昜 = 觴	술잔의 총칭	

보충 ▶ 杯 = 盃와 같음.

矯手頓足

손을 쳐들고 발을 굴러 춤을 추니

矯	矢 + 喬 = 矯	교정(矯正)=바로잡음	
手	三 + ㅣ = 手	수공(手工)	수중(手中)
頓	屯 + 頁 = 頓	돈오(頓悟)=문득 깨달음	
足	口 + 龰 = 足	수족(手足)	족적(足跡)

보충 ▶ 足跡 = 발자국. 지내온 발자취.

| 기쁠 | 열 | 기뻐할 | 예 | 또 | 차 | 편할 | 강 |

悅 豫 且 康

기쁘고 즐거우며 또한 편안하다

悅	忄 + 兌 = 悅	희열(喜悅)	說과 통용
豫	予 + 象 = 豫	예감(豫感)	즐거움
且	月 + 一 = 且	또한	차월(且月)
康	庚 + 氺 = 康	강녕(康寧)=평안함	

▐ 보충 ▶ 且月 = 음력 6월의 다른 이름.

嫡 後 嗣 續

적자는 후사를 이어야 하며

嫡	女 + 商 = 嫡	적자(嫡子)=본처 소생 아들	
後	彳 + 夋 = 後	후배(後輩)	후사(後嗣)
嗣	吊 + 司 = 嗣	뒤를 잇다. 계승함	
續	糸 + 賣 = 續	속보(續報)	속행(續行)

보충 ▶ 後嗣 = 대를 잇는 자식.

제사 제	제사 사	제사이름 증	가을제사 상
祭	祀	蒸	嘗

제사에는 증상이 있다

祭	夕 + 示 = 祭	제기(祭器)	제례(祭禮)
祀	示 + 巳 = 祀	제사지내다	
蒸	烝 + 灬 = 蒸	겨울에 지내는 제사	
嘗	尙 + 旨 = 嘗	가을에 지내는 제사	

보충 ▶ 祭 = 示는 신위(神位), 夕은 육(肉), 又는 손이니, 손에 고기를 들고 신위에 바친다는 뜻이다.

이마를 땅에 대고 조아려 재배하니

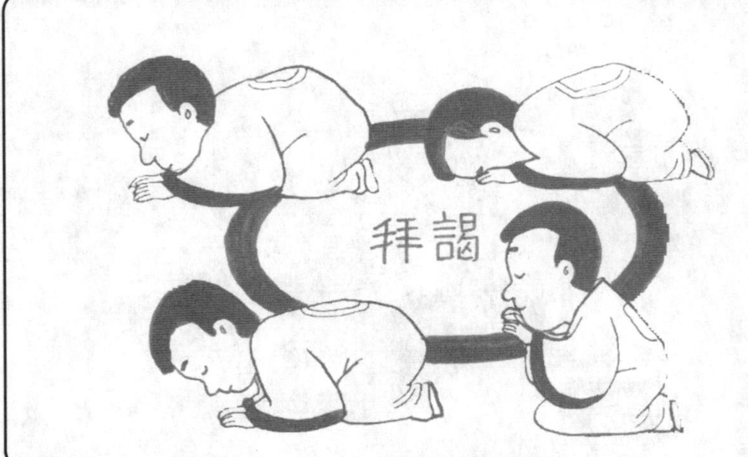

稽	禾 + 旨 = 稽	조아리다	
顙	桑 + 頁 = 顙	머리. 조아리다	
再	一 + 冉 = 再	재기(再起)	재생(再生)
拜	手 + 手 = 拜	배복(拜伏)	배알(拜謁)

보충 ▶ 再拜 = 두 번 절하다.

두려워할 송	두려울 구	두려워할 공	두려울 황
悚	懼	恐	惶

송구하고 두렵고 황송하다

悚	忄 + 束 = 悚	허둥거리다	황송(惶悚)
懼	忄 + 瞿 = 懼	겁이 나다	
恐	巩 + 心 = 恐	공포(恐怖)	두려워서 허둥지둥함. 경기침체로 혼란한 상태.
惶	忄 + 皇 = 惶	황급(惶急)	

▶보충▶ 惶 = 임금(皇) 앞에 나아가는 마음(忄=心)이란 뜻. 皇이 음을 이룸.

牋	片 + 戔 = 牋	종이. 편지	
牒	片 + 枼 = 牒	청첩(請牒)	통첩(通牒)
簡	竹 + 間 = 簡	간략(簡略)	간결(簡潔)
要	襾 + 女 = 要	요약(要約)	요점(要點)

보충 ▶ 簡札 = 편지.

돌아볼 **고**	대답할 **답**	살필 **심**	자세할 **상**

顧 答 審 詳

돌아보고 답변할 때에는 상세히 살펴야 한다

顧	雇 + 頁 = 顧	고객(顧客)	고문(顧問)
答	⺮ + 合 = 答	답변(答辯)	답례(答禮)
審	宀 + 番 = 審	심사(審査)	심판(審判)
詳	言 + 羊 = 詳	상고(詳考)	상세(詳細)

보충 ▶ **詳考** = 자세히 참고함.

骸垢想浴

몸에 때가 끼면 목욕을 상상하고

骸	骨 + 亥 = 骸	해골(骸骨)=사람의 신체	
垢	土 + 后 = 垢	찌꺼기. 먼지. 수치. 부끄러움	
想	相 + 心 = 想	상념(想念)	상상(想像)
浴	氵 + 谷 = 浴	욕실(浴室)	목욕(沐浴)

보충 ▶ 形骸 = 몸과 뼈. 육체.

잡을 집	뜨거울 열	바랄 원	서늘할 량
執	熱	願	凉

뜨거운 것을 쥐면 서늘한 것을 원한다

執	幸 + 丸 = 執	집권(執權)	집착(執着)
熱	埶 + 灬 = 熱	열광(熱狂)	열탕(熱湯)
願	原 + 頁 = 願	원서(願書)	기원(祈願)
凉	冫 + 京 = 凉	양풍(凉風)	청량(淸凉)

보충 ▶ 凉風 = 서늘한 바람.

驢 騾 犢 特

나귀와 노새, 송아지와 황소가

驢	馬 ＋ 盧 ＝ 驢	나귀
騾	馬 ＋ 累 ＝ 騾	노새
犢	牛 ＋ 賣 ＝ 犢	송아지
特	牛 ＋ 寺 ＝ 特	특별(特別)	특색(特色)

보충 ▶ 特 ＝ 유다를 「특」으로 흔히 사용되나, 여기선 설문에 따라 황소로 인용했다.

<table>
<tr><td>놀랄 해</td><td>뛸 약</td><td>뛰어넘을 초</td><td>달릴 양</td></tr>
<tr><td>駭</td><td>躍</td><td>超</td><td>驤</td></tr>
</table>

놀라서 약진하고 고개를 솟구쳐 달린다

駭	馬 + 亥 = 駭	놀라다	
躍	𧾷 + 翟 = 躍	약동(躍動)	약진(躍進)
超	走 + 召 = 超	초과(超過)	초월(超越)
驤	馬 + 襄 = 驤	고개를 들다	

보충 ▶ 駭怪 = 매우 기괴함.

誅斬賊盜

도적은 주살하고 참형에 처하고

誅	言 + 朱 = 誅	주살(誅殺)	죄인을 죽임
斬	車 + 斤 = 斬	참수(斬首)	참형(斬刑)
賊	貝 + 戎 = 賊	적반하장(賊反荷杖)	
盜	次 + 皿 = 盜	도난(盜難)	강도(強盜)

▶ 보충 ▶ 賊反荷杖 = 도적이 도리어 매를 든다는 뜻으로, 잘못한 사람이 도리어 아무 잘못도 없는 사람에게 시비를 거는 것을 이름.

잡을 포	얻을 획	배반할 반	망할 망
捕	獲	叛	亡

반역자와 도망자는 포획한다

捕	扌 + 甫 = 捕	포로(捕虜)	포박(捕縛)
獲	犭 + 蒦 = 獲	회득(獲得) = 잡은 것	
叛	半 + 反 = 叛	반군(叛軍)	반역(叛逆)
亡	亠 + ㄴ = 亡	망명(亡命)	도망(逃亡)

보충 ▶ 叛 = 하나의 패거리가 둘로 갈림. 「半」과 「反」 어느 쪽도 음이 될 수 있음.

布 射 僚 丸

여포의 활쏘기와 웅의료의 포환 던지기

布	疒 + 巾 = 布	『삼국지』의 여포(呂布)는 활의 명사수(名射手)로서 사격(射擊)솜씨가 훌륭했다고 한다.
射	身 + 寸 = 射	
僚	亻 + 尞 = 僚	전국시대의 웅의료(熊宜僚)는 포환(砲丸)던지기의 명수였다는 것을 말한다.
丸	丸 + 丸 = 丸	

보충 ▶ 『삼국지』에서 여포는 극을 세우고 활을 쏘아 명중시켜 적의 사기를 꺾었음.

성 **혜**	거문고 **금**	성 **완**	휘파람불 **소**
嵇	琴	阮	嘯

혜강의 거문고 완적은 휘파람을 잘 불었다

嵇	禾 + 山 = 嵇	죽림칠현의 한 사람인 혜강(嵇康)은 거문고를 잘 탔다는 말이다.
琴	珏 + 今 = 琴	
阮	阝 + 元 = 阮	완적(阮籍) 역시 죽림칠현의 한 사람으로서 그의 특기는 휘파람을 잘 불었다.
嘯	口 + 肅 = 嘯	

보충 ▶ 완적의 휘파람 소리는 마치 봉황이 우는 소리와 같아 모든 사람들의 심금을 울려 주었다 한다.

恬筆倫紙

몽염은 붓을 채륜은 종이를

恬	忄 ＋ 舌 ＝ 恬	몽염(蒙恬)은 처음 필법(筆法:붓을 만드는 법)으로 필적(筆跡)을 남겼다.
筆	竹 ＋ 聿 ＝ 筆	
倫	亻 ＋ 侖 ＝ 倫	채륜(蔡倫)은 인간을 위해 처음으로 지물(紙物)을 만들어 용지(用紙)를 제공했다.
紙	糸 ＋ 氏 ＝ 紙	

보충 ▶ 紙物 = 종이의 총칭.

고를 균	공교할 교	맡길 임	낚시 조
鈞	巧	任	釣

마균은 교묘한 마차를 임공자는 낚시를 잘했다

鈞	金 + 勻 = 鈞	마균(馬鈞)은 교묘(巧妙)한 재주로 지남거(指南車)를 만들었다.
巧	工 + 丂 = 巧	
任	亻 + 壬 = 任	임공자(任公子)는 맡은 임무(任務)처럼 조어(釣魚:낚시질)를 잘했다.
釣	金 + 勺 = 釣	

보충 ▶ 指南車 = 방향을 가리키는 기계를 단 수레.

<table>
<tr><td>풀 석</td><td>어지러울 분</td><td>이로울 리</td><td>속될 속</td></tr>
<tr><td>釋</td><td>紛</td><td>利</td><td>俗</td></tr>
</table>

분란을 풀어 속인들에게 이익을 주었다

釋	采 + 睪 = 釋	석방(釋放)	해석(解釋)
紛	糸 + 分 = 紛	분란(紛亂)	분쟁(紛爭)
利	禾 + 刂 = 利	이익(利益)	이용(利用)
俗	亻 + 谷 = 俗	속세(俗世)	속인(俗人)

보충 ▶ 利 = 벼(禾)를 베는 낫(刀)에서 날카로운 것을 뜻함.

아우를 병	다 개	아름다울 가	묘할 묘
竝	皆	佳	妙

아울러 모두다 아름답고 묘한 사람들이다

竝	立 ＋ 立 ＝ 竝	병용(竝用)	병행(竝行)
皆	比 ＋ 白 ＝ 皆	개근(皆勤)	모두. 함께
佳	亻 ＋ 圭 ＝ 佳	가인(佳人)＝아름다운 여자	
妙	女 ＋ 少 ＝ 妙	묘기(妙技)	묘수(妙手)

보충 ▶ 竝 ＝ 並과 같은 자. 「倂」「幷」과는 같은 뜻.
　　　 皆 ＝ 많은 사람들(比)이 말하다(白), 곧 「모두」란 뜻

毛 施 淑 姿

모장과 서시는 자태가 정숙해

毛	모발을 본뜸	모발(毛髮)	여기선 모장
施	方 + 㐌 = 施	시상(施賞)	여기선 서시
淑	氵 + 叔 = 淑	숙녀(淑女)	정숙(貞淑)
姿	次 + 女 = 姿	자세(姿勢)	자태(姿態)

보충 ▶ 절세미인 모장(毛嬙)과 서시(西施)는 월왕 구천이 애지중지했던 여인으로 유명하다. 그래서 「毛施」는 미인의 대명사인 셈이다.

장인 공	찡그릴 빈	고을 연	웃음 소
工	嚬	姸	笑

찡그리는 솜씨조차 예쁘게 미소짓는 것같다

工	二 + ㅣ = 工	공교(工巧)=솜씨가 좋음
嚬	ㅁ + 頻 = 嚬	빈축(嚬蹙) · 頻과 같은 뜻
姸	女 + 开 = 姸	예쁘다. 아름다움
笑	竹 + 夭 = 笑	미소(微笑) · 실소(失笑)

보충 ▶ 嚬蹙 = 눈쌀과 얼굴을 찡그림.

<table>
<tr><td>해 년</td><td>화살 시</td><td>매양 매</td><td>재촉할 최</td></tr>
<tr><td>年</td><td>矢</td><td>每</td><td>催</td></tr>
</table>

세월은 화살처럼 매일 재촉하고

年	𠂉 + 㐄 = 年	연간(年間)	연세(年歲)
矢	𠂉 + 大 = 矢	궁시(弓矢) = 활과 화살	
每	𠂉 + 母 = 每	매년(每年)	매일(每日)
催	亻 + 崔 = 催	최루(催淚)	최면(催眠)

보충 ▶ 年歲 = 나이의 높임말. 세월.

햇빛 희	빛 휘	밝을 랑	빛날 요
曦	暉	朗	耀

햇빛은 휘영찬란하게 밝게 빛난다

曦	日 ＋ 羲 ＝ 曦	햇빛
暉	日 ＋ 軍 ＝ 暉	휘영(暉映)
朗	良 ＋ 月 ＝ 朗	낭송(朗誦)	명랑(明朗)
耀	光 ＋ 翟 ＝ 耀	빛나다	曜와 같은 자

보충 ▶ 暉映 ＝ 매우 밝은 모양.

璇 璣 懸 斡

璇	王 + 旋 = 璇	선기는 혼천의(渾天儀)를 말하는데, 혼천의는 천체의 운행과 위치를 관측하는 기계이다.
璣	王 + 幾 = 璣	
懸	縣 + 心 = 懸	현수막(懸垂幕)
斡	卓 + 斗 = 斡	알선(斡旋)

보충 ▶ 斡旋 = 양편의 사이에 들어가 일이 잘 되도록 이리저리 마련하여 줌.

그믐 회	넋 백	고리 환	비칠 조
晦	魄	環	照

그믐에는 달이 빛을 잃었다가 다시 둥글게 비친다

晦	日 + 每 = 晦	회삭(晦朔)=그믐과 초하루	
魄	白 + 鬼 = 魄	혼백(魂魄)	여기선 달
環	王 + 睘 = 環	화환(花環)	환경(環境)
照	昭 + 灬 = 照	조명(照明)	조준(照準)

보충 ▶ 그믐 = 음력의 매월 말일.

245

指 薪 修 祐

指	扌 ＋ 旨 ＝ 指	지령(指令)	지목(指目)
薪	艹 ＋ 新 ＝ 薪	신탄(薪炭)＝땔나무와 숯	
修	亻 ＋ 彡 ＝ 修	수련(修練)	수양(修養)
祐	礻 ＋ 右 ＝ 祐	천지 신명의 도움. 행복	

보충 ▶ 祐 ＝ 도울 「우」일 때 「佑」와 통용.

길 **영**	편안할 **유**	길할 **길**	높을 **소**
永	**綏**	**吉**	**邵**

영원히 편안하고 길일에 덕망이 높아진다

永	`` ` `` + 永 = 永	영생(永生)	영원(永遠)
綏	糸 + 妥 = 綏	편안하다	
吉	士 + 口 = 吉	길몽(吉夢)	길일(吉日)
邵	召 + 阝 = 邵	덕망이 높고 행실이 착함	

보충 ▶ 吉 = 가득 채운 항아리에 뚜껑을 덮은 모양. 내용이 충실한 것.

矩步引領

보행시에는 옷깃을 여미고

矩	矢 + 巨 = 矩	구형(矩形)=네모꼴.직사각형	
步	止 + 少 = 步	보도(步道)	보행(步行)
引	弓 + ㅣ = 引	인력(引力)	인수(引受)
領	令 + 頁 = 領	영내(領內)	영토(領土)

보충 ▶ 矩步 = 법도에 맞는 보행.

숙일 **부**	우러러볼 **앙**	복도 **랑**	사당 **묘**

俯 仰 廊 廟

낭묘에서는 고개를 숙이거나 추앙해야 한다

俯	亻 + 府 = 俯	부찰앙관(俯察仰觀)	
仰	亻 + 卬 = 仰	신앙(信仰)	추앙(推仰)
廊	广 + 郞 = 廊	낭하(廊下)=복도	
廟	广 + 朝 = 廟	묘당(廟堂)=종묘(宗廟)	

보충 ▶ **俯察仰觀** = 아랫 사람의 형편을 굽어 살피고, 윗사람을 우러러 봄.

<table>
<tr><td>묶을 속</td><td>띠 대</td><td>자랑할 긍</td><td>엄할 장</td></tr>
<tr><td>束</td><td>帶</td><td>矜</td><td>莊</td></tr>
</table>

속대는 긍지있고 장중하게 하고

束	口 + 朿 = 束	속박(束縛)	옷을 여미는 띠. 곧 예복을 이름.
帶	卅 + 帀 = 帶	관대(冠帶)	
矜	矛 + 今 = 矜	긍지(矜持)＝믿음을 자랑함	
莊	艹 + 壯 = 莊	장엄(莊嚴)	장중(莊重)

보충 ▶ 自矜 ＝ 스스로를 자랑함.

배회할 배	배회할 회	볼 첨	바라볼 조
徘	徊	瞻	眺

배회하거나 멀리 바라보지 말라

徘	彳 + 非 = 徘	어정거리다
徊	彳 + 回 = 徊	왔다 갔다함
瞻	目 + 詹 = 瞻	쳐다보다. 우러러봄
眺	目 + 兆 = 眺	조망(眺望)=멀리 바라봄

보충 ▶ **瞻星臺** = 신라 때의 천문 관측소.

孤 陋 寡 聞

고루하고 과문하면

孤	子 + 瓜 = 孤	고독(孤獨)	고립(孤立)
陋	阝 + 㔷 = 陋	누명(陋名)	누추(陋醜)
寡	宀 + 募 = 寡	과소(寡少)	과인(寡人)
聞	門 + 耳 = 聞	견문(見聞)	풍문(風聞)

보충 ▶ 孤人 = 덕이 적은 사람이라는 말로, 임금이 스스로를 일컫는 겸칭.
孤陋 = 외롭고 누추함. / 寡聞 = 견문이 적음.

<table>
<tr><td>어리석을 우</td><td>어두울 몽</td><td>등급 등</td><td>꾸짖을 초</td></tr>
<tr><td>愚</td><td>蒙</td><td>等</td><td>誚</td></tr>
</table>

우둔하고 몽매해 꾸짖음을 받는 등급에 든다

愚	禺 ＋ 心 ＝ 愚	우둔(愚鈍)	우롱(愚弄)
蒙	艹 ＋ 冡 ＝ 蒙	몽매(蒙昧) ＝ 어리석음	
等	竹 ＋ 寺 ＝ 等	등급(等級)	등분(等分)
誚	言 ＋ 肖 ＝ 誚	꾸짖다	

보충 ▶ **愚鈍** ＝ 어리석고 무딤.

<table>
<tr><td>이를 위</td><td>말씀 어</td><td>도울 조</td><td>어조사 자</td></tr>
<tr><td>謂</td><td>語</td><td>助</td><td>者</td></tr>
</table>

소위 어조사라는 것은

謂	訁 + 胃 = 謂	소위(所謂) = 이른바	
語	訁 + 吾 = 語	어법(語法)	어원(語源)
助	且 + 力 = 助	조언(助言)	조자(助字)
者	者 + 丶 = 者	사람과 사물을 가리켜 이름	

보충 者 = 놈 「자」 이외에 어조사로도 쓰임.
助者 = 한문의 토씨.

<table>
<tr><td>어</td><td>언</td><td>어조사</td><td>재</td><td>어조사</td><td>호</td><td>어조사</td><td>야</td></tr>
</table>

焉 哉 乎 也

언재호야이다

焉	ᅲ + 灬 = 焉	의문.방어의 뜻. 발어사
哉	𠯑 + 戈 = 哉	비로소. 처음으로
乎	于 + ''' = 乎	의문사. 감탄사
也	𠃊 + 乚 = 也	평이한 서술 내지 단정을 나타냄

▶보충▶ 어조사는 실질적인 뜻은 없으나 글귀를 성립시키고 말을 만들어 나가는 데 없어서는 안될 보조 글자임을 명심해야 한다.

也乎! 千字文
야호! 천자문

글·그림 | 진동일
펴낸이 | 김학민
펴낸곳 | 학민사

주소 | 121-080 서울시 마포구 대흥동 303번지
전화 | 716-2759, 702-3317
팩스 | 703-1494
등록번호 | 제10-142호
등록일자 | 1978년 3월 22일

http://www.hakminsa.co.kr
E-mail | hakminsa@hakminsa.co.kr

1판 1쇄 | 2001년 8월 10일

ISBN 89-7193-129-9(03710) Printed in korea

▷ 잘못 만들어진 책은 구입하신 서점에서 바꿔드립니다.
▷ 책값은 표지 뒷면에 있습니다.